先輩保育者が教えてくれる！

連絡帳の書き方の きほん

浅井拓久也
Takuya Asai

SHOEISHA

本書内容に関するお問い合わせについて

このたびは翔泳社の書籍をお買い上げいただき、誠にありがとうございます。弊社では、読者の皆様からのお問い合わせに適切に対応させていただくため、以下のガイドラインへのご協力をお願い致しております。下記項目をお読みいただき、手順に従ってお問い合わせください。

■ ご質問される前に

弊社 Web サイトの「正誤表」をご参照ください。これまでに判明した正誤や追加情報を掲載しています。

正誤表　　　　https://www.shoeisha.co.jp/book/errata/

■ ご質問方法

弊社 Web サイトの「刊行物 Q&A」をご利用ください。

刊行物 Q&A　https://www.shoeisha.co.jp/book/qa/

インターネットをご利用でない場合は、FAX または郵便にて、下記 "翔泳社 愛読者サービスセンター" までお問い合わせください。
電話でのご質問は、お受けしておりません。

■ 回答について

回答は、ご質問いただいた手段によってご返事申し上げます。ご質問の内容によっては、回答に数日ないしはそれ以上の期間を要する場合があります。

■ ご質問に際してのご注意

本書の対象を越えるもの、記述個所を特定されないもの、また読者固有の環境に起因するご質問等にはお答えできませんので、予めご了承ください。

■ 郵便物送付先および FAX 番号

送付先住所　　　〒 160-0006　東京都新宿区舟町 5
FAX 番号　　　　03-5362-3818
宛先　　　　　　（株）翔泳社 愛読者サービスセンター

　連絡帳を書くのに、困っていませんか？保護者が返事を書いてくれない、いつも同じ内容ばかりになってしまう、のような悩みをかかえていませんか？

　この本は、こうした悩みをもつ保育者が、連絡帳を早く、正確に、簡単に書けるようになるための考え方、コツ、お手本を学ぶためのものです。この本を使うと、みなさんが書く連絡帳はあっという間によいものになります。

　保育者にとって、連絡帳は毎日書くものです。連絡帳を通じて、子どもたちが育っていく姿を保護者に伝え、子どもの育ちを喜び合うことができます。しかし、連絡帳を書くのは大変で、手間もかかります。よく考えてみると、連絡帳の書き方は大学や短大でも習いません。だから、保育者として働くようになってから先輩のやり方を何となく真似して書いている人がほとんどではないでしょうか。

　でも、それだけではいつまでたっても、連絡帳を上手に書くことはできません。そこで、この本では、連絡帳を書く際の考え方、具体的なコツ、実際の文例を紹介しています。連絡帳を書く時間を減らす時短ワザ、アプリを使った連絡帳の管理方法、さらには保育をする際の心構えまで、他の本にはないことも、たくさん紹介しています。

　1つだけ例を紹介しましょう。連絡帳は毎日書くものなので、書くことがなくて困ることがあります。他の本では、「子どもをもっとていねいに観察しましょう」、「色々な場面を書きましょう」のような、曖昧な説明をしているものばかりです。でも、本書ではある表を使うと、連絡帳に書ききれないくらいの子どもの育ちがあふれてきます。

　さあ、さっそく始めていきましょう。今のみなさんの悩みに応じて、この本で紹介している連絡帳を書く際の考え方、すぐに使えるコツ、お手本を活用すれば、保護者から信頼される連絡帳や、他の保育者が真似したがる連絡帳を書くことができるようになります。

2019 年 3 月

浅井 拓久也

本書の使い方

　この本では、誰でも無理なく上達できるように、連絡帳の書き方を3つのSTEPに分解して紹介しています（STEP 1〜3）。自分の苦手なところを中心に読み進めて、書き方の「きほん」を身につけましょう。

　STEP 4では、先輩たちが実際に出合った難しい質問・要望の文例を紹介しています。STEP 1〜3で学んだ知識を生かして、自分だったらどのように答えるかをイメージしながら読むとよいでしょう。そうすることで、どんな質問・要望にも対応できる「応用力」が身につきます。

【序章、STEP 1〜3】書き方の「きほん」を身につける

ここで得られるコツやノウハウを簡潔に紹介しています。

左ページで解説した内容を、より深く理解するための、補足解説や実例を紹介しています。

大切な箇所には赤線を引いています。

最後にポイントを簡潔にまとめています。

本書の構成

序章 ： 知っておきたい連絡帳のこと

「なぜ毎日、連絡帳を書かなければいけないの？」という人は、まずはここから読みはじめましょう。

STEP 1： 保護者に信頼される！連絡帳 10 のルール
STEP 2： 文章の「きほん」を身に付けよう
STEP 3： もっと上達するためのコツ＆時短テクニック

連絡帳を書くときに必要な考え方やノウハウをていねいに紹介しています。

STEP 4： 実例でわかる！難しい質問・要望への応え方

先輩たちが実際に出合った実例を集めました。STEP1〜3の復習として、また、日常業務で似た質問に出合ったときの参考としても使えます。

【STEP 4】様々な質問・要望に対応できる「応用力」を身につける

子どもの健康、子どもの生活、保護者への対応の3つのテーマに分類して掲載しています。また、それぞれのテーマの対象年齢も記載しています。

実際にあった実例と先輩保育者の回答例を載せています。まずは自分なりの回答を考えてみて、回答例との違いに着目してみましょう。

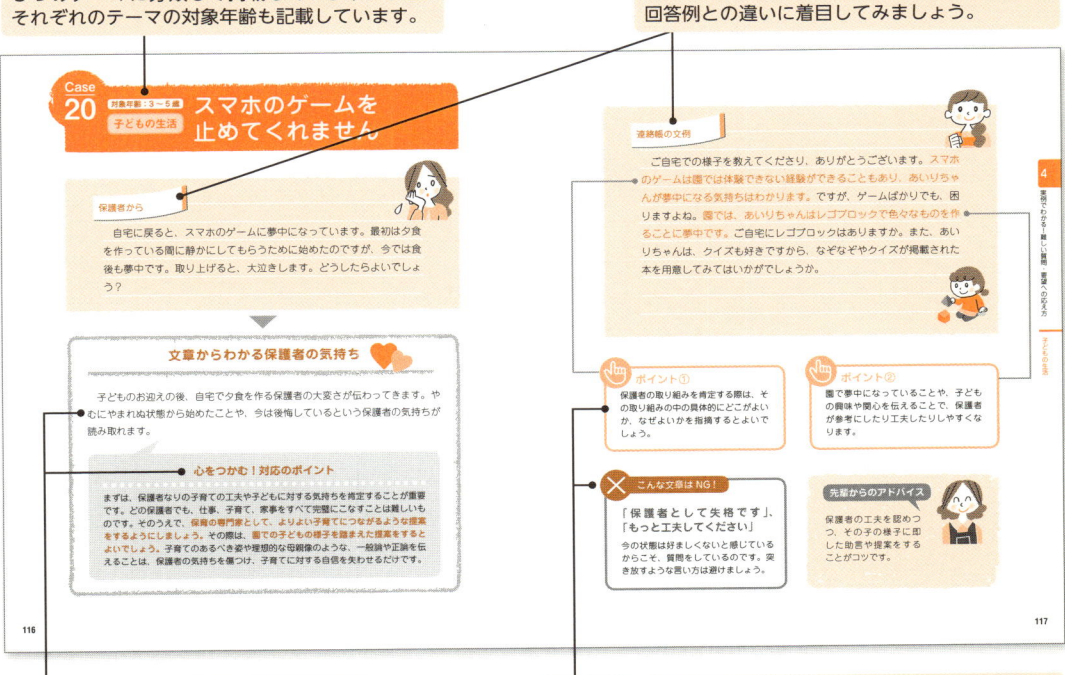

文章から読み取れる保護者の真意と、対応のポイントを解説しています。

回答例で注目すべきポイントと、NG例を紹介しています。これらを読むことで、より一層理解が深まります。

Contents

序章　知っておきたい連絡帳のこと

STEP 1 保護者に信頼される！連絡帳10のルール

肯定的な表現を使うメリットとは？

質問→回答→理由の順番で話すようにしましょう

このような言い方をしていませんか？

Contents

ていねいすぎも、くだけすぎも、好ましくありません
自分の意見と事実を区別するようにしましょう
期待をもたせるような言い方をすると、誤解を招きます

STEP 3 もっと上達するためのコツ & 時短テクニック

Contents

知っておきたい
連絡帳のこと

　限られた時間の中で、毎日欠かさず連絡帳を書くのは面倒だなと思っていませんか？実は、連絡帳は保護者だけではなく、保育者にとっても重要なものなのです。本章では、連絡帳の役割とは何か、連絡帳とはどういうものかなど、連絡帳に関する基本的なことを理解しましょう。

01 連絡帳は、保育者と保護者を
つなぐ架け橋

なぜ連絡帳を書く必要があるのか、何を書くのかを、きちんと理解しましょう。
保育者としてのスキルアップや保護者からの信頼を得ることにつながります。

なぜ連絡帳が必要なのでしょうか？

連絡帳は、保育者と保護者の連携と、保護者の子育て支援のために欠かせないものです。

保育者と保護者の連携とは、保育者は園内の子どもの様子を、保護者は家庭内での子どもの様子を伝え合うことです。よい保育とは、園での生活と家庭での生活がつながっているものです。たとえば、園で読んだ絵本を家庭でも読んだり、家庭で取り組んでいることを園の遊びにも取り入れたりすることで、園と家庭がつながっていきます。

次に、**保護者の子育て支援とは、保育者が保護者の子育てを手助けすることです。**子育ては楽しいことばかりではなく、不安や心配もあります。友だちと仲良く遊べているか？言葉の発達が遅れていないか？というように。保育者は、こうした保護者の気持ちにていねいに寄り添い、応えていく必要があります。また、不安や心配は口頭では言いにくいこともあります。連絡帳を通じて、保護者の気持ちがわかることもあります。

このように、連絡帳は、保育者と保護者が連携し、保護者の子育てを支援するために欠かせないのです。

連絡帳には何を書くのでしょうか？

連絡帳は、保育者と保護者との連携と、保護者の子育て支援に関することを書きます。

保育者と保護者の連携では、園での子どもの生活や遊びの様子を書きます。特に、子どもの育ち（がんばっている姿や成長）がわかるような出来事を書くとよいでしょう。もちろん、行事に関することや明日の持ち物などの連絡事項も書きます。

保護者の子育て支援では、保護者からの相談や質問があれば、これらに対する返事も書きます。特に、保護者の気持ちに寄り添い、工夫や努力を認めるように書くとよいでしょう。

連絡帳の役割とは？

▶▶▶ 連絡帳の役割

 保護者

 家庭の様子を知らせる
子育てに関する相談

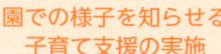 園での様子を知らせる
子育て支援の実施

保育者

☑ 家庭での子どもの様子を共有することで、園でのよりよい保育につながる

☑ 園での子どもの様子を共有することで、家庭でのよりよい子育てにつながる

☑ 子育ての悩みなどを連絡帳に書くことで、保護者のストレス発散にもつながる

▶▶▶ 連絡帳に書くこと

☑ **保育者と保護者の連携に関すること**

① 生活：食事や排せつ、睡眠などの基本的な生活習慣が身についてきたか

（特に乳幼児では重要）

② 遊び：友だちや保育者との関わり、集団の中での役割・関わり方、

今夢中になっていること、など

☑ **保護者からの相談支援**

まずは、保護者の不安や悩みを受け止め、

保護者の工夫やがんばりを認めることが重要

> 現代は一人っ子できょうだいがいない子も多いので、子どもが同年代の友だちとうまく付き合えているのか知りたいという保護者が増えています。

 POINT

連絡帳は、保育者と保護者との連携と、保護者の子育て支援のために欠かせないものです。連絡帳を通じて、子どもの育ちを伝えたり、保護者の不安を和らげたりしましょう。

02 まずは、連絡帳の様式を決めよう

連絡帳の様式をあらかじめ決めておきましょう。書くことが明確になるので、書き忘れがなくなります。

連絡帳の様式を決めましょう

　連絡帳は園が指定したものを使う場合と、保護者が用意する場合があります。園が指定したものでも、様々な種類があります。

　どちらの場合でも、連絡帳の様式（何を、どこに書くか）をあらかじめ決めておくと、書きやすくなります。また、**書くべき項目が明確になるので、書き忘れが少なくなります。**

　様式は、保護者が理解しやすい言葉で設定するようにします。たとえば、保育は5領域を通じて行いますが、5領域の言葉をそのまま項目にしたのでは、保護者にとって理解しにくいでしょう。そこで、「育ちの様子」や「今日の遊び」のようにします。

　また、**連絡帳の見やすさも大切です。**見開きで1日分としても、半分で1日分としてもよいのですが、保護者はどこに記入すればよいかがわかるようにしましょう。

月齢別の連絡帳も用意しましょう

　連絡帳の様式は、月齢に応じて異なることがあります。一般的には、乳児から2歳と、3歳以上という分け方が多いようです。

　なぜ月齢に応じて連絡帳を変えるのかというと、**月齢によって重視することが異なるからです。**たとえば、低年齢児では睡眠や排せつ、体温のような、きめ細やかな健康状態の確認が重要になるため、こうした項目が必要になります。

　一方で、年長になってくると、言葉や運動機能など、様々な側面の発達が著しくなります。そのため、「遊びの内容」や「今日の生活の様子」のような、子どもの活動を記入する項目が大きくなります。

　このように、子どもの発達段階に応じて、連絡帳の様式を変えていくとよいでしょう。

1歳児用の連絡帳の具体例

1歳児用の連絡帳の例

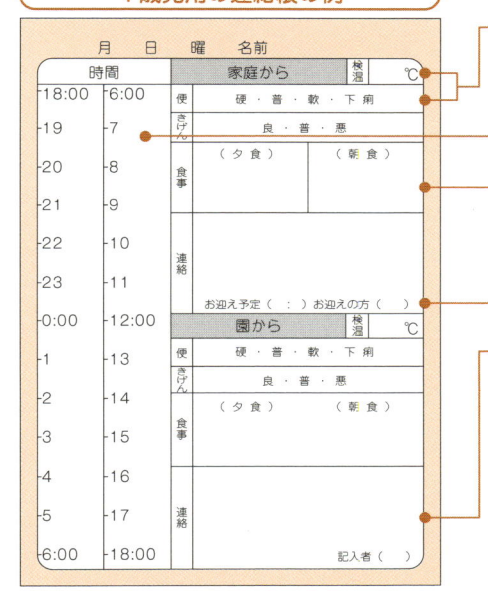

健康状態
1歳など低年齢児では、体温や排便など、健康状態に関する記述が多いのが特徴です。

食事
食事の内容を記載します。乳児では、授乳のタイミングや量などの欄があることがあります。

スケジュール
前日の退園後から登園までの出来事を保護者が記入します。また、登園後から退園までの出来事を保育者が記入します。

家庭からの連絡事項
家庭での子どもの様子や、園についての質問、要望などを記載します。

園からの連絡事項
園での子どもの様子や、連絡事項を記載します。また、家庭からの質問、要望などへのお返事を記載します。

子どもの月齢によって、園で注意するべき事柄や保護者と共有すべき事柄が変わってきます。月齢にあった連絡帳を選びましょう。たとえば、乳児や1歳児用の連絡帳では、3歳以上の連絡帳に比べて健康に関する項目が多くなっています。

2〜3歳以上の連絡帳では、健康状態に関する記載が少なくなり、その代わりに連絡事項の自由記述のスペースが増えます。それにより、子どもの発達に関わる様々な事柄を伝えることができます。

協力：社会福祉法人なでしこ会なでしこ保育園

3歳児用の連絡帳の例

POINT

連絡帳には様々な様式があります。あらかじめ様式を決めておくことで、何を、どこに書くかが明確になるので、保育者も保護者も連絡帳を書きやすくなります。

03 連絡帳は書く前が大切

考えながら書いたり、書きながら考えると、わかりにくい文章になります。
まず、しっかり考え、それから書くことで、よい文章になります。

考える→書く、の順番で進めましょう

　文章を書く際は、何を書こうかなと考えながら書いたり、書きながら次は何を書こうか
なと考えたりするのはやめましょう。

　まず、どのようなテーマで、何を、どういう順番で書くかを考えましょう。 慣れないう
ちは、連絡帳を実際に書き始める前に、メモ用紙に構成を書き出してください。それから、
その構成にしたがって書くようにします。

　よい文章は構成がしっかりしているものです。**最初に構成をしっかり考えておけば、や
り直しが少なくなるため、早く、的確な文章を書くことができます。** 時間がないからとい
って急いで書き始めると、よくわからない文章になります。書く前にこそ、内容の良し悪
しが決まるのです。

連絡帳をしっかり書くことで、様々な力がつきます

　**連絡帳をしっかり書くと、文章を書く力はもちろん、段取りをつける力、考える力、子
どもを観察する力がつきます。**

　文章を書く力は、文章をていねいに書いた量に比例します。連絡帳を書くたびに、この
本のＳＴＥＰ１やＳＴＥＰ２の解説と照らし合わせてみましょう。また、段取りをつける
力や考える力は、何を、どのような順番で書くかという文章の構成を考えることでつきま
す。さらに、観察する力は、連絡帳に具体的な子どもの育ちを書くことでついてきます。

　このように、連絡帳をしっかり書くことで、保育者として必要な様々な力がつきます。
また、**連絡帳の書き方は、指導計画や園便りなどを書く際にも、保護者や同僚保育者と会
話や会議をする際にも使えます。**

連絡帳を書くことで、身につく力

☑ **文章を書く力**

保護者との信頼関係を作るための連絡帳の考え方・書き方が身につく
（25 ページ参照）

連絡帳以外の書類作成にも活用できる文章の書き方の基本が身につく
（49 ページ参照）

☑ **考える力・段取りをつける力**

連絡帳を書く前に構成をしっかりと考えることで、人に物事を伝えるときの考え方や
段取りをつける力が身につく（50 ページ参照）

☑ **子どもを観察する力**

連絡帳を書くときに、子どもの行動について理由や意味を考えることになるので、
子どもを観察する力がつく（20 ページ参照）

連絡帳を考えながらていねいに書くことで、保育者としての大切なスキル
が身につきます。単に作業としてではなく、自己成長の場として連絡帳の作成
に取り組んでみましょう。

POINT

書く内容や順番を考えてから書き始めるようにしましょう。
そのために、メモ用紙に構成を書き出してみるとよいでしょう。

04 「10の姿」を意識して書こう

連絡帳には子どもの育ちを書きます。「10の姿」を活用すると、園での生活や遊びのなかから、子どもの育ちを見つけやすくなります。

「10の姿」とは？

「10の姿」とは、「幼児期の終わりまでに育ってほしい姿」のことです。 具体的には、健康な心と体、自立心、協同性、道徳性・規範意識の芽生え、社会生活との関わり、思考力の芽生え、自然との関わり・生命尊重、数量や図形、標識や文字などへの関心・感覚、言葉による伝え合い、豊かな感性と表現、です。

「10の姿」は、保育園、幼稚園、認定こども園のどこに通っても、卒園までに育むことが期待されているものです。 だから、3法令（保育所保育指針、幼稚園教育要領、幼保連携型認定こども園教育・保育要領）のいずれにも示されています。

「10の姿」は、保育の計画や教育課程、指導計画にも記入します。だから、**連絡帳も「10の姿」を活用して記入すれば、連絡帳とこうした計画をつなぐことにもなるのです。**

「10の姿」を使って、子どもの育ちをとらえましょう

「10の姿」を用いて子どもの育ちをとらえるには、どうしたらよいのでしょうか。たとえば、子どもが積み木遊びをしているとします。このとき、**積み木遊びを通じて「10の姿」のどの姿が育まれているかと考えてみるのです。** 積み木を高く積もうとしているのなら、手先を上手に使う必要があります。積み木を車に見立てて遊んでいるのなら、子どもは頭の中で様々なことを想像しています。友だちと一緒に駅を作っているのなら、協力し合うことや自分の役割を果たすことを学んでいます。

このように考えることができれば、連絡帳の書き方も変わってきます。「今日は積み木遊びをしていました」と書くのではなく、**「積み木を車に見立て遊んでいました。想像する力が育まれてきていますね」** というように、子どもの育ちを書くことができます。

「10 の姿」を活用するメリット

- ☑ 「10 の姿」を活用することで、子どもの育ちを深くとらえることができる
- ☑ 連絡帳を通じて、保護者にも子どもの育ちを共有しやすくなる
- ☑ 連絡帳に書いた内容を、指導計画など他の書類の作成に活用しやすくなる

「10 の姿」を活用しないで
書いた連絡帳

今日は、たろう君と一緒に
積み木で駅を作っていました。
素敵でした。

「10 の姿」を活用して
書いた連絡帳

今日は、たろう君と一緒に積み
木で駅を作っていました。
たろう君は駅を、けん君は電車と
線路を作っていて、役割分担を
しながら友だちと上手に遊べる
ようになりましたね。

「幼児期の終わりまでに育ってほしい姿」

協同性
友達と関わる中で、互いの思いや考えなどを共有
し、共通の目的の実現に向けて、考えたり、工夫
したり、協力したりし、充実感をもってやり遂げ
るようになる。

この例のように、「10 の姿」を意識すること
で、子どもの育ちをより具体的に連絡帳に書く
ことができます。

POINT

3 法令の改定のポイントの一つが、「10 の姿」です。「10 の姿」
を使って、子どもの育ちをとらえるようにしましょう。

STEP UP! コラム

♂ 今の時代だからこそ、保護者の子育て支援が大事です

　子育ては、子どもの成長を喜び、親としても成長していく貴重な経験です。しかし、今は子育てが難しい時代といわれています。その背景には、様々な要因があります。

　核家族が増え、地域社会との関係が希薄になったため、子育ての知恵や経験を教えてくれたり相談したりできる身近な人が少なくなっています。そのため、保護者が孤独や孤立を感じたり、子育てに不安を抱えたりしやすくなっています。

　また、共働き世帯が多くなっているため、保護者の子育ての負担が大きくなっています。保護者のどちらか一人だけが子育ての大半を担うこと（いわゆる子育てのワンオペ）で、保護者は子育てを楽しむことができず、疲労や負担だけを感じるようになっています。

　さらに、きょうだいや地域の子どもの数が減ってきたため、集団で遊ぶ経験が減ってきています。だから、主体性や協調性のような、集団で遊ぶことで身につける力を家庭や地域の中で身につけることが難しくなっています。

　このように子育てが難しい時代だからこそ、連絡帳が重要になります。保護者が連絡帳を読むことで、子育ては楽しい！嬉しい！と感じるような内容や書き方が求められるのです。あるいは、保護者が子育てに悩んだり不安を感じたりしたときに、保育者の言葉から勇気や元気をもらえるように書くのです。連絡帳を通じた保育者と保護者のキャッチボールによって、保育者は保護者の子育てを支援していくのです。

> 子育ては楽しい！嬉しい！と保護者が感じるような書き方が求められます。

♂ 連絡帳アプリを活用してみましょう

　子どもから大人まで、スマートフォンは広く普及しています。いつでも、どこでも動画や写真を見たり、何かを調べたりすることができるからです。しかも、こうした操作はとても簡単にできます。

園内でも、スマートフォンは広く活用されています。保育者が子どもの様子を撮影したり、子どもが自分の興味や関心に即して撮影したりすることもあります。保護者も、子どもが作った作品や園からのお知らせなどの掲示物を撮影しています。ある園では、保護者の意向もあって、紙による掲示や配布はやめて、すべてメール配信に変えたそうです。スマートフォンによって、いつでも、どこでも園からの連絡や案内を確認できることから、保護者にとってはとても便利で好評だそうです。

　連絡帳も同様に、紙によるものから、スマートフォンのアプリを使ったものが広がりつつあります。たとえば、kidsly（キッズリー）というアプリがあります。これは、記入する項目自体は紙の連絡帳と大きく変わりませんが、保育者が連絡帳を書くと、保護者が子どもを迎えにくる直前に届くようになっています。お迎えに来る途中で連絡帳を読むことで、保育者と保護者の会話が充実すると考えてのことです。また、写真を添付することもできるため、保護者は園内での子どもの様子を、保育者は家庭内での子どもの様子をいっそう理解しやすくなります。

　こうしたことも、アプリだからできることです。このように、連絡帳のアプリは保育者にも保護者にもとても便利であるため、広がりつつあります。kidsly（キッズリー）以外にも連絡帳のアプリは様々ありますので、調べてみるとよいでしょう。

連絡帳のアプリの例

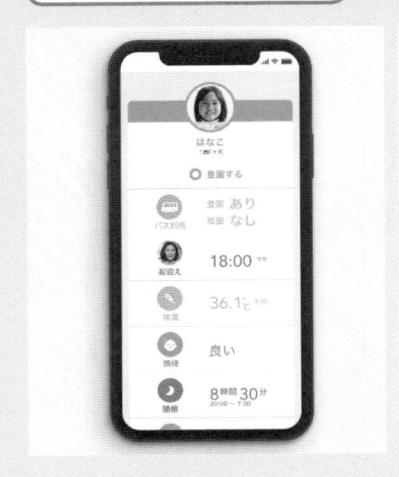 

画像提供：kidsly（キッズリー）
※ kidsly は株式会社リクルートマーケティングパートナーズが提供する「保育園と保護者をつなぐコミュニケーションサービス」です

🔑 3法令をていねいに読み込みましょう ·······················

　2018年4月から新しい3法令（保育所保育指針、幼稚園教育要領、幼保連携型認定こども園教育・保育要領）が施行されました。環境を通した保育や子どもを中心とした保育という原理は変わっていませんが、幼児教育の共通化や、幼児教育を通じて育みたい資質・能力の明確化、幼児期の終わりまでに育ってほしい姿の具体化のように、これまでの3法令には見られなかったものも多くあります。

　保育者は、3法令にしたがって保育や教育を行うことが求められます。特に重要なことは、幼児教育を通じて育みたい資質・能力や、その資質・能力を具体化した「10の姿」です。幼児期を通じて育みたい資質・能力とは、「知識及び技能の基礎」、「思考力・判断力・表現力等の基礎」、「学びに向かう力・人間性等」の3つです。「10の姿」とは、卒園時までに育ってほしい子どもたちの姿です。保育者には、日々の保育や教育を何となく行うのではなく、保育や教育を通じてこうした資質・能力や、「10の姿」を育むことが求められているのです。

　3法令は、連絡帳を書く際にも役立ちます。連絡帳で子どもの育ちを書く際に、「10の姿」や5領域の視点から書くようにするのです。積み木遊びをしている場面を例に挙げると、楽しそう、かわいい、という感想を書くだけではなく、積み木遊びを通じてどのような力を育んでいるだろうかと考えて書きます。友だちとどのように協力し合っているか？どのような気持ちを表現しようとしているか？のように、「10の姿」や5領域の視点を活用することで、子どもの育ちを多面的に、深く捉えることができます。

　このように、3法令に即した保育や教育を行うためにも、連絡帳に子どもの育ちをていねいに書くためにも、保育者は3法令をしっかり読み込んで理解しておく必要があります。

> 3法令を読み込むことで、連絡帳の表現力が向上します。また、保護者に子どもの成長の喜びをしっかり伝えられるようになります。

保護者に信頼される！連絡帳 10 のルール

　連絡帳の書き方を習う機会はあまりありません。だから、つい自己流で書いてしまい、失敗しがちです。そこで、本章では、新人保育者や先輩保育者が実際の連絡帳に書いた文例を使って、連絡帳の書き方の10のコツを学びましょう。コツを身につけることで、よりよい連絡帳が書けるようになります。

01 断定的な言い方をしない

子どもには子どもなりの気持ちや思いがあります。こういう性格だから、というような決めつけた言い方をすると、子どものよさを見逃してしまいます。

使ってしまいがちな断定的な言い方

子どもの性格や気質、適性を決めつけたような言い方があります。たとえば、「攻撃的な性格だから、けんかすることが多いです」、「製作には興味がないから、退屈そうでした」、「人前で話すことは向いていないので、つらそうでした」のような言い方です。

また、子どもの性格ではないのですが、**保育者の考えが絶対に正しいという言い方**も同様のものです。たとえば、「絶対に退屈だったのだと思います」や「一人で遊ぶことが好きに違いありません」のような言い方です。

断定的な言い方は保護者の信頼を失います

乳幼児期の子どもは、様々な側面で著しい発達をしています。だから、この子の性格や気質はこうだ！というようなことはありません。**発達段階や状況によって変わります。**

また、**保護者は、園での生活や遊びを通じて子どものたくさんの可能性を見出して伸ばしてほしいと期待しています。**だから、断定的な言い方をすると、「この保育者は子どものことを多面的にみることができない」という印象を保護者に与えてしまい、信頼を得ることが難しくなります。

子どもの気持ちや思いに寄り添うようにしましょう

この子の性格はこうだから、いつもこうだからと決めつけると、その子の気持ちや思いを理解できなくなります。子どもの気持ちや思いに寄り添い、子どもの立場から物事を考えるようにしましょう。

具体的には、**どうしてそうしたのか？ 他に考えられることはないか？ を、その子の立場や気持ちから考えるようにしましょう。**

「保育者の断定」は NG、「子どもの気持ちの代弁」は OK

新人さんの連絡帳

　登園後、いつもはみんなと元気よく遊ぶのですが、今日はぜんぜん意欲が感じられませんでした。もともと気分の浮き沈みが激しい性格ということもあり、気分が乗らないようでした。私から声をかけて、みんなと一緒に遊ぶようにさせました。

先輩のお手本

　登園後は、一人で集中して遊んでいました。自宅から園へと、気持ちを切り替えていたのかもしれません。その後は、友だちが遊んでいる様子を見ていたので、「入れてとお願いしてみたら」と私が提案すると、自分から進んで参加し、友だちと一緒になって遊んでいました。

「気分の浮き沈みが激しい性格」が断定的な言い方です。人間の性格や気質はこうに違いない！と簡単に判断できるものではありません。

「気持ちを切り替えていたのかもしれません」というように、子どもの気持ちや思いに寄り添って、肯定的な言い方をするといいのですね。

>>> 保育者が子どもを強制するような言い方にも注意！

　新人さんの例では、「遊ぶようにさせました」という強制的な言い方もあります。乳幼児期では、子どもの自発性や主体性を育むことが大事です。保育者の役割は、見守ったり、待ったり、提案したりすることを通じて、子どもの育ちを支えることです。

　そこで、「自分から進んで参加し」のように、子どもの自発的な行動や主体性がわかるような言い方に変えてみましょう。連絡帳を通じて保護者が知りたいことは、子どもが自分らしく、積極的に遊んでいる様子なのです。

POINT

こうに違いない！絶対！と決めつけるのではなく、
子どもの気持ちや思いに寄り添った言い方をしましょう。

02 保護者からの質問に きちんと回答する

保護者からの質問や疑問、悩みにきちんと回答することで、保育者と保護者の円滑なコミュニケーションにつながり、信頼関係が強くなります。

質問に回答することで保育者と保護者の対話が進みます

対面では言いづらいことや質問しにくいことが、連絡帳に書かれていることもあります。 こうした質問や悩みにきちんと回答することで、保護者は自分の思いや気持ちを受け止めてもらえたと感じます。これが、保護者からの信頼につながっていくのです。

質問に回答していることがわかるように書きましょう

保護者から「～でよいですか」とあれば「はい、～でかまいません」、「どうして～でしょうか」とあれば「それは、～だからではないでしょうか」のように、**質問に回答していることがわかるようにすることが重要です。** また、いくつもの質問があちらこちらに書いてある場合は、**質問と回答を線で結ぶなどして、保護者に回答が伝わるようにしましょう。**

保護者の質問への対応方法は様々あります

保護者の質問や悩みは様々ですので、保育者はそれに応じた回答をするようにしましょう。たとえば、「来年度の運動会では障害物競争をしてほしいです！」のような、すぐに回答できない質問があります。このようなときは、「ご提案ありがとうございます。園内でしっかり検討いたします」のように、**質問へのお礼や、質問を受け止めたことを伝えます。** また、「私は仕事でミスが多いのですが、どうしたらよいでしょう」のような、子どもの育ちや保育とは関係のない悩みもあります。このようなときは、「いつもお仕事お疲れ様です」や「私もミスをすることもありますが、ミスしたことを紙に書いて反省するようにしています」のように、**保護者の気持ちに寄り添って簡潔に回答します。**

このように、保護者からの質問は様々です。いずれにしても、質問へのお礼や保護者の気持ちに寄り添った回答であることが伝わるようにすることが重要です。

複数の質問への答え方

保護者から

　園の給食ではにんじんを全部食べたようですが、自宅では食べようとしません。私が口に運んでも、嫌がります。なぜですか？何かよい方法はありますか？

保育者から

　ご家庭での様子を教えてくださり、ありがとうございます。園の給食でにんじんを食べるときは、保育者も子どもたちと一緒ににんじんを食べるようにしています。保育者の姿を見て、にんじんを食べてみようという気持ちにつながっているのかもしれません。ご自宅で食べるときも、こころちゃんと一緒に食べるのはどうでしょうか。

　保護者からは、なぜ食べないのか？食べてもらうよい方法は？の2つの質問があります。それぞれにきちんと回答することが重要です。

>>> 保護者の意見や質問を引き出す連絡帳の書き方

　連絡帳に返事や質問を書かない保護者もいます。連絡帳は保育者が書くものと考えている、忙しくて書く時間がないなど、理由は様々です。ですが、保護者の意見や質問は、家庭内での子どもの様子や、保護者の価値観や気持ちを知るきっかけになる重要なものです。

　そこで、保護者が質問しやすいように、連絡帳を書く際に保育者から質問を投げかけるようにします。この例の「今日の給食でも、こころちゃんはにんじんを全部食べました。ご自宅でも残さないで食べていますか？」のように、保育者から保護者に対して、具体的な質問を投げかけるのです。保育者からの質問への回答を考える中で、保護者は自分の気持ちや疑問に気がつき、意見や質問を書きやすくなるのです。

POINT

保護者からの質問には、きちんと回答するようにしましょう。回答していることが伝わるように書くことも重要です。

03 肯定的な表現を使う

常に肯定的で前向きな表現を心がけましょう。子どもの工夫やがんばりに気がつきやすくなり、よりよい保育や子育て支援につながります。

物事には良い面と悪い面があります

物事の見方は一つだけではありません。良い面と悪い面があります。たとえば、おとなしい子は、慎重に物事を考える子ともいえますし、控えめな子ともいえます。元気な子は、積極的な子ともいえますし、落ち着きがない子ともいえます。どちらもその子を表す表現ですが、どちらの表現を使うかによって、その子の見方が決まってしまいます。

子どものがんばりを見つけるようにしましょう

乳幼児期の子どもは、日々成長しています。子どもが今できないことは、できないのではなく、できるようになるために様々な努力や工夫をしている最中なのです。それらが、保育者の目に見えることもあれば、子どもの頭の中であれこれ考えているため、見えないこともあります。保育者は、目には見えない子どもの努力や工夫を見つけることが重要です。

子どもの気持ちや思いを想像したり確認したりしましょう

たとえば、友だちと一緒に積み木で駅を作る遊びの中で、友だちと離れたところで、一人で画用紙を小さくちぎっている子がいたとしましょう。保育者が「なぜ画用紙を小さくちぎっているの？」と質問すると、線路に敷く石を作っているとのことでした。保育者が、「完成したら、みんなのところに持って行ってね」と言えば、この子は喜んでうなずくでしょう。

この例では、子どもの気持ちや思いを確認しなければ、「協調性がない」、「グループ活動ができない」というように否定的な表現になります。しかし、その子なりの気持ちや思いを確認すれば、「友だちと駅を作るために、自分なりのやり方で役割を果たしていた」、「自分なりの工夫をしながら、友だちと遊んでいた」というような肯定的な表現になります。

肯定的な表現をするために、その子なりの気持ちや思いを大切にしましょう。

けんかの場面。あなたならどうやって書く？

新人さんの連絡帳

　今日は年長さんたちと一緒に砂場で遊びました。ただ、今日のこころちゃんは機嫌がとても悪かったようで、年長さんとけんかしてしまい、自分の口からごめんねも言えませんでした。まだ3歳だから仕方がないですが、少しずつ大人になってほしいなと思います。

先輩のお手本

　こころちゃんが砂遊びで使っていたスコップを年長さんが何も言わないで取ってしまったので、取り合いになってしまいました。私が、年長さんを許してあげる？と聞くと、最後はうなずいて、年長さんにどうぞと言ってくれました。悔しい思いをしながら、一歩ずつ成長しています。

「機嫌がとても悪かった」、「ごめんねも言えませんでした」は否定的な表現です。保育者は子どもの気持ちや思いにも目を向ける必要があります。

許してあげた、成長しているというように、肯定的な表現になっていますね。取り合いが起きた背景もていねいに書かれているので、保護者も安心できますね。

>>> 子ども同士のけんかには必ず原因があります

　子ども同士がけんかをする際は、子どもなりの言い分が必ずあります。また、多くの場合、どちらか一方が悪いというより、両方に原因があったり、悪意はなかったりします。だから、連絡帳にけんかについて書く際は、子どもの立場や気持ちを考慮して書くようにします。

　先輩のお手本では、年長さんが何も言わなかったから怒ったと、保育者がこころちゃんの気持ちを代弁しています。このように、保育者は、子どもの気持ちや思いを想像して、それをていねいにくみ取るようにします。そうすれば、肯定的な表現が次第に増えていくはずです。

POINT

子どもの気持ちや思いに目を向けて、常に肯定的な表現を
心がけましょう。

04 他の子どもと比べるのではなく、その子のよさや育ちを伝える

子ども一人ひとりのよさや育ちの様子を書くように心がけることで、子どものことがよく理解できるようになり、また保護者からも信頼されるようになります。

乳幼児期の発達には個人差があります

乳幼児期の発達には個人差があります。家庭環境やこれまでの体験、経験の違いから、発達が早い子どももいれば、遅い子どももいます。また、発達が早い子どもでも、言葉の習得は早いけれども、運動機能の発達はそうではないということもあります。

そのため、**乳幼児期では、子ども一人ひとりの発達の状態に即した援助や指導が保育者に求められます。**他の子どもと比べて、何が足りない・できないということではなく、その子のよさや育ちの様子をきめ細かく捉え、保護者に伝えるようにしましょう。

その子のよさや育ちを書くようにしましょう

その子ができるようになったこと、そこに至るまでの工夫や努力を書くようにしましょう。

たとえば、2歳児が自分で洋服を着ることができるようになった場合、他の子どもと比べて早い遅いではなく、**その子ができるようになったことの喜びを伝えるのです。**また、**そのために毎日、その子が自分でやってみようと挑戦していたことも伝える**ことで、その子のよさや育ちの様子が保護者に伝わります。

自分の子どもを他の子どもと比べたがる保護者には？

自分の子どもを他の子どもと比べて、言葉の数が少ない、おむつがまだとれないなど、心配や不安を感じる保護者もいます。このような場合、**保育者は、保育の専門家として、子どもの発達のあり方や乳幼児期の育ちの特徴、その子のこれまでの育ちの様子やがんばりを、保護者にていねいに説明し、保護者の気持ちを和らげるようにしましょう。**

保護者は、自分の子どもが大切だからこそ、つい他の子どもと比べてしまうのです。こうした気持ちを受け止めつつ、その子のよさや育ちに気がつくようなことを伝えましょう。

他の子と比べる保護者の不安をやわらげるには？

保護者から

娘はもう1歳10か月ですが、まだおむつがとれません。同じクラスのしおりちゃんやさきちゃんは、自分から排せつに行きたいと言うようです。娘は排せつしたことに気がついていないのか、どこか悪いのでしょうか。すごく心配です。

保育者から

排せつはとても重要なことですから、心配するお気持ちはよくわかります。園では、きちんと排せつできています。「トイレ」とか「ちっち」と自分から私に教えてくれます。排せつを忘れてしまうときは、友だちと一緒の遊びに夢中になっているときが大半です。ですが、こうしたときも徐々に自分から排せつできるようになっています。こころちゃんなりのやり方で、きちんと排せつを身につけつつあります。

「『トイレ』とか『ちっち』と自分から私に教えてくれます」のように、その子ができていることや、その子なりのがんばりがわかるように書くことで、保護者は安心します。

>>> 子どもの育ちがわかる具体的な場面や状況を伝えましょう

　保護者が自分の子どもを他の子どもと比べると、できていることや成長しているところより、できていないことや発達が遅いところに目が向くことが多いです。このようなときは、保育者はその子ができているところや、がんばっているところがみられる具体的な場面や状況を取り上げて、伝えるようにしましょう。いつもできないということは少なく、場面や状況によるということが多いでしょう。だからこそ、その子ができている、がんばっている様子を伝えるようにするのです。

　もちろん、保育者自身が子ども同士を比べるような書き方をしないようにします。保育者の仕事は、子ども一人ひとりの発達の状態に即した援助をすることなのです。

POINT

具体的な場面や状況を取り上げて、その子のよさや育ちを伝えるようにしましょう。

05 エピソードや事例を使って、具体的に書く

エピソードや事例を使って具体的に書くことで、細かいところまでしっかりと子どもを見ていたことが保護者に伝わります。

なぜ具体的に書くと保護者が安心するのでしょうか？

具体的に書くためには、子どもの言動に気を配り、しっかり観察する必要があります。だから、**連絡帳が具体的に書かれていると、子どもの様子を細かいところまでしっかりみ**ていたのだということが保護者に伝わり、保育者への信頼につながるのです。

具体的に書くとは、どういうことでしょうか？

具体的に書けているかどうかは、どのように判断すればよいのでしょうか。簡単な方法は、**「その場にいなかった人にも、その様子が鮮明にイメージできるかどうか」**です。

たとえば、「今日は公園まで散歩しました。こころちゃんは楽しそうでした」という文から、子どもの顔や動きがイメージできるでしょうか。今日は散歩したということ以外、鮮明なイメージはできそうにありません。しかし、「こころちゃんは、みんなこっちだよ！と言って、グループの一番前を元気よく歩いていました」と書かれていれば、こころちゃんが元気よく散歩している様子が浮かんできます。

具体的に書くためのコツは？

具体的に書くためのコツは、エピソードや事例を使うことです。子どもが遊んでいる様子や生活の場面の一部を抜き出して書きます。**特に、保育者の心が揺さぶられるような場面、子どもの育ちがわかるような様子、保護者が気にかけていたことに関するものから選ぶようにします。**あれもこれも書く必要はなく、一つ選べばよいでしょう。

また、具体的に書くためには、子どものつぶやきや言葉、絵本のタイトルなどを使うのもよいでしょう。上の例では、「みんなこっちだよ！」という子どもの言葉があることで、元気のよさがしっかり伝わります。

エピソードを入れると、子どもの成長も伝えやすい

新人さんの連絡帳

　今日は天気が悪かったので、お部屋で過ごしました。遊びながら、私と会話を楽しみました。明日は天気がよくなるそうですから、みんなでいつもの公園に行って外遊びをしようと思います。

先輩のお手本

　今日は天気が悪かったので、お部屋で過ごしました。こころちゃんがお気に入りのレゴブロックでままごとをしました。2、3個のブロックを手にとっては、「はい、どうぞ」と渡してくれました。「ありがとう」と私が言うと、ぺこりと頭を下げてくれました。感謝やお礼という気持ちやふるまいを理解し始めているようです。

　どのような遊びをして、保育者とどのような会話をしたのでしょうか？これらを具体的に書かないと、この日の保育や子どもの様子を保護者がイメージすることが難しくなります。

　「レゴブロックでままごと」、「はい、どうぞ」、「ありがとう」のように、遊びや会話の具体的な内容を書くようにすると、保護者にも、この日の遊びが鮮明にイメージできるようになりますね。

>>> エピソードや事例の積み重ねから、子どもの成長が読み取れます

　エピソードや事例を使って具体的に書くことで、後から連絡帳を振り返ったときに、子どもの成長がよくわかります。たとえば、遊びの内容が具体的に書かれていれば、成長とともに遊びが緻密化したり複雑化していることがわかるでしょう。

　保護者が子育てに疲れたり迷ったりしているときは、連絡帳に書かれたエピソードや事例を振り返るように助言してみましょう。子どもの確実な成長を読み取ることで、子育ての楽しさや喜びを感じることができ、明日からの子育てに前向きになれるからです。

POINT

保護者がその日の保育や子どもの様子を鮮明にイメージできるように、具体的に書くようにしましょう。

06 保護者の工夫や努力を肯定する

保護者の工夫や努力を肯定すると、保育者との間に信頼関係が生まれます。
認めてもらえたと保護者が感じるような書き方をすることが重要です。

まずは保護者の工夫や努力を認めましょう

次のページの例では、子どもにたくさんの言葉を覚えてほしいという気持ちから、たくさんの種類の絵本を子どもに読み聞かせしていることがわかります。まずは、保護者の子どもに対する思いや心遣いを認めましょう。**保護者の取り組みの中から、保護者なりの努力や工夫を読み取り、それを取り上げて肯定するのです。**

保育の専門家として他の方法も提案しましょう

保育の専門家として様々な方法を提案することで、保護者の子育ての視点や方法を広げるようにしましょう。この例では、たくさんの異なる絵本を読むより、同じ本を毎回読む方が言葉の習得には効果的であるという研究もあります。保育者と保護者のどちらのやり方が正しいかではなく、今のその子には何が最適かという視点で考えましょう。

他の方法を提案する際は、そう考える理由もあわせて書くようにします。保護者とは異なる方法だけが書かれていると、自分の考えを否定されたように感じる保護者もいます。また、理由を書く際は、保育の本や研究者がこう言っていますというだけではなく、園内でのその子の様子を踏まえて書くとよいでしょう。保護者が知りたいことは、一般的な話ではなく、今の自分の子の育ちにとって何が最適かなのです。たとえば、園内ではいつも同じ本を読みたがる様子がみられる場合は、そのことを保護者に伝えましょう。

保育や子育てには、正解はたくさんあります

この例のように、保育や子育てには、これが絶対に正解、これ以外はないということはありません。むしろ、**子どもの性格や発達状態によって、正解は変わります。**ですから、断定的な言い方や安易な結論づけはしないようにしましょう。

他の方法を上手に提案しよう

保護者から

　最近、娘はたくさんの言葉を覚えたようで、私に教えてくれます。青虫、煙突などなど。
　日曜日に、たくさんの種類の本を買ってきました！２０冊も！今日から毎日、１冊ずつ読み聞かせしていきます。

保育者から

　こころちゃんは絵本が大好きだから、これからたくさんの絵本を読むことができて喜んでいるでしょうね。もしかしたら、こころちゃんは同じ本を何回も読んでと言うかもしれません。園ではこころちゃんは、同じ絵本を繰り返し読むことが多いです。たとえば、『ももたろう』や『ごかん』です。同じ本でも、毎回、指を指すページや、私に教えてくれる言葉は異なります。同じ本でも、色々な角度から見ているのでしょう。お母様から読み聞かせをしてもらえて、こころちゃんは楽しく言葉を覚えていくと思います。

　書き出しの一文が、保護者の取り組みを肯定するものです。次に、こころちゃんには他の方法も適していることを、園内の様子を理由としてあげつつ説明しています。最後の一文で、もう一度保護者の取り組みを肯定しています。

▶▶▶ 明らかに肯定できないようなことが書かれていた場合は？

　たとえば、「昨日の夕食時にぐずっていたので、ついイライラして手が出てしまいました」のようなことが書かれていた場合です。このようなときは、自分だけの判断で書くのではなく、園長や主任と相談してから返事を書くようにしましょう。ときには、連絡帳に返事を書くのではなく、対面で話をする方がよいこともあります（44ページ参照）。

　保護者自身が子育てに苦しんでいることも多くあります。保護者を肯定できないようなことが書かれているときは、保護者からのＳＯＳであることも多いのです。保護者を責めたり非難したりするのではなく、解決策を一緒に考え合うようにしましょう。

POINT

保護者の工夫や努力を肯定することで、保護者の子育て力も高まり、保育者の強力な味方になってくれます。

07 子どもの気になる姿には、対応もあわせて書く

言葉の習得が遅い、じっとしていられないなど、子どもの気になる姿を書く際は、どういう対応をするかを書くことで、保護者の不安を和らげることができます。

子どもの気になる姿は、慎重に書くようにしましょう

子どもの気になる姿を読むと、保護者は不安を感じます。特に、対面で話す場合と比べて、連絡帳のように文字で見ると、不安がいっそう大きくなります。ですから、**子どもの気になる姿を書く際は、一人で判断しないで園長や主任と相談してから書くようにしましょう。**また、**あえて連絡帳には書かないで、対面で話す方がよいこともあります。**連絡帳には、その後の経過や様子を書くようにするのも、保護者に不安を感じさせない方法の一つです。

具体的な場面を書くようにしましょう

言葉の発達が遅い、攻撃的なところがみられる、のような、漠然とした書き方は、保護者の不安を大きくします。**具体的にどのような場面で、どのような様子がみられるのかを書くことで、保護者自身も自宅での様子を振り返ることができます。**たとえば、「居囲がにぎやかなときは、名前を呼んでも返事がない」、「日頃から会話が少ない子が遊びに参加すると、いやだ、やめて、というように、その子を避けようとする」のように、具体的に書くようにしましょう。

保育者の対応を書くようにしましょう

気になる姿には、それに対する保育者の対応や、自宅での様子を保護者に確認してほしいことも、あわせて書くようにしましょう。

保育者は保育の専門家ではありますが、あらゆることに精通しているわけではありません。ですから、**発達障害や自閉症のような病名を書くことは避けましょう。**また、「耳鼻科を受診してください」、「病院に行きましょう」のような、異常や病気であることを感じさせるような書き方も好ましくありません。

子どもの気になる様子をどう伝える？

新人さんの連絡帳

　最近、こころちゃんは言葉を聞き取りにくいのか、反応が遅いことや間違うことが多くなってきました。自宅ではいかがでしょうか。まずは、耳鼻科を受診してみてはいかがでしょうか。もし問題がないようなら、発達障害や自閉症の可能性もあることから、早いうちに保健センターや心理士に診断していただくとよいです。

先輩のお手本

　最近、友だちと遊んでいるときや出欠をとる際、こころちゃんと名前を呼んでも返事がないことがあります。私が何回も繰り返し呼ぶと反応します。ご自宅の様子はいかがでしょうか。言葉の発達は人それぞれ異なりますし、環境や気持ちの問題が影響をしていることもあります。まずは、園内の保育者みんなでこころちゃんの様子をみていきますので、ご自宅でも様子をみていただき、園と家庭での経過を共有したいと思います。

　どういう場面で言葉が聞き取れていないかがわからないため、自宅での様子と比べることや思い当たる様子を考えることが難しくなっています。また、発達障害や自閉症のような言葉を出すことで、保護者の不安をあおってしまいます。

　気になる姿がどのような場面で見られるかが書かれているので、自宅の様子と比べやすくなりました。園でどのような対応をするかも書くと、保護者の不安を和らげることができますね。

≫≫≫ 子どもの発達には大きな個人差があることを再確認しましょう

　子どもの発達は個人差が大きいことを常に忘れないようにしましょう。この例のように、言葉の習得では、言葉をためこむために黙っている時期がある子どももいます。子どもが低年齢児の段階で発達障害かどうかを判断することは、簡単なことではありません。まずは、子ども一人ひとりの発達には個人差があることを意識して、その子の様子をしっかり観察していくこと、園内や保護者と共有していくことを心がけてください。

POINT

子どもの気になる姿を書く際は、保育者として具体的にどのような対応をするのかをしっかり書きましょう。

08 保護者にわかりやすい言葉を使う

保護者にとってわかりやすい言葉を使うことで、連絡帳を通じた保育者と保護者のコミュニケーションが円滑に、確実に進みます。

「伝える」と「伝わる」の違いを意識しましょう

連絡帳は書けばよいというものではありません。そこに書かれたことが、保護者に伝わってこそ意味があります。保護者との行き違いが生じた際に、自分は連絡帳できちんと伝えたのに！という言い方をしていませんか。連絡帳に書かれたことは、保護者に伝わることが重要なのです。つまり、**保育者は、どうやって伝えようか、ではなく、どうやったら伝わるかという考え方をする必要があります。**

読み手の立場から言葉を選びましょう

保護者に確実に伝わるようにするためには、保護者の立場から考えるようにするとよいでしょう。**この書き方で保護者は理解できるかどうか、この言葉は誤解されないか、というように、保護者の立場から考えるのです。**保育者は連絡帳だけではなく、保育参観や送迎時にも保護者と話をしているでしょう。こうした際の何気ない会話や様子から、保護者の性格や気にしていることを把握するようにすれば、よりいっそう保護者の立場から考えることができるようになります。

専門用語や園内用語は避けましょう

平行遊びや象徴機能のような専門用語や、園で飼っている鳥を見る「ぽっぽたいむ」のような園内用語は避けましょう。**保育者以外の人や、園外の人が読んだ場合でも理解できるだろうかと考えるようにしましょう。**

また、**英語やカタカナも必要がある場合を除いて使わないようにしましょう。**たとえば、「今日は友達とバトルがありました」や「公園で落ち葉をゲットしました」のように。「バトル」ではなく「いざこざ」や「けんか」、「ゲット」ではなく「拾う」としましょう。

"伝わる"言葉を選びましょう

新人さんの連絡帳

今日はプールで水遊びをしました。こころちゃんは初めての水遊びのため、水に触れるのが怖かったようです。こころちゃんの養護的な側面を大事にしつつ、水遊びが楽しめるようにしていきます。ご自宅でも水遊びの機会があったらトライしてみてください。

先輩のお手本

今日はプールで水遊びをしました。こころちゃんは初めての水遊びのため、水に触れるのが怖かったようです。こころちゃんの不安な気持ちを受け止めつつ、急がないで、自分からやってみたいという気持ちになるように寄り添っていきます。友だちが水遊びをしている様子をじっと見ていたので、興味や関心はあると思います。ご自宅でも水遊びの機会があったら、家族みんなで一緒に楽しんでみてください。

> 「養護的な側面を大事にしつつ」と書いても、何をどうするのかが保護者には伝わりません。また、「トライ」というカタカナも、文章が軽いという感じを与えてしまいます。

> 養護的な側面とは何をどうすることかを、保護者がわかるように具体的に説明しています。また、「トライ」もわかりやすい言い方に変えてあります。もちろん、グループやクラスのように、よく使われる言葉はそのまま使ってもよいです。

≫≫≫ 伝わりやすくするために、文字をきれいに書きましょう

癖字や丸文字は読みにくく、結果として内容が伝わりにくくなります。楷書でていねいに書くようにしましょう。また、保育者の文字は子どもにも影響を与えます。子どもがお店やさんごっこで使う看板を作る際、ある文字が思い出せないことがあります。そのとき、子どもは室内に掲示されたものから、保育者が書いた文字を探すでしょう。日頃から、保護者にも子どもにも確実に伝わるような文字を書くように心がけてください。

POINT

保護者に伝わるような言葉を使うことで、
保育者と保護者の連携を強くすることができます。

09 言葉や漢字を正しく使う

誤字が一つあるごとに、保護者からの信頼を一つずつ失っていきます。
言葉や漢字を正しく使うことは、保育者への信頼に関わることです。

連絡帳に対する保育者と保護者の違いを理解しましょう

保育者にとっては、連絡帳は短時間でたくさん書かなくてはならないものです。ですから、誤字や脱字があったり字がきれいではなかったりすることもあるでしょう。連絡帳は保護者が保管するので、読み返すこともないでしょう。しかし、**保護者にとっては、連絡帳は自分の子どもの育ちの記録なのです**。連絡帳を読み返して、子どもの育ちを再確認することもあるでしょう。だからこそ、誤字脱字が多かったり字が汚かったりすると、この保育者は子どものことを大切にしてくれているのかと、保護者は不安になっていくのです。

間違いやすい言葉遣いや漢字に気をつけましょう

間違いやすい言葉遣いや漢字には、特に注意しましょう。言葉遣いでは、「困ったときはいつでも伺ってください」のように**敬語の使い方**に気をつけましょう。漢字では、「牛後」のような**似た漢字**や、「気持」、「短かい」のような**送り仮名の間違い**に気をつけましょう。

語彙力や表現力を高めるためには？

語彙力や表現力を高めるには、2つの方法があります。まず、読書です。読書をする際は、漠然と読むのではなく、言葉や表現を拾うことを意識して読みます。**保育や子育てに関する本を読む中で出会う新しい言葉や、連絡帳に使えそうな表現を拾うように読むようにしましょう**。難しい表現や小説家が書くような美文を覚える必要はありません。

次に、**活用して使いたい言葉や表現を覚えスマホのアプリを活用して使いたい言葉や表現を覚えましょう**。たとえば、「単語帳メーカー」というアプリなら、自分で単語を登録して、自分だけの単語帳を作ることができます。通勤時や休憩時間に、短時間で確認するようにしましょう。もちろん、ノートに書き出して覚えるのもよいでしょう。

どこが間違い？新人保育者さんの文章

新人さんの連絡帳

　今日の遊びの中で、こころちゃんはお絵かきに夢中になっていました。たくさんの丸や線を書いていました。成長が著いですね。お渡しした封筒に入れておきましたので、拝見してください。明日は熱くなりますので水遊びをします。着替えとバスタオルをご用意ください。

先輩のお手本

・今日の遊びの中で、こころちゃんはお絵かきに夢中になっていました。たくさんの丸や線を書いていました。日に日に、整った形の丸や、直線になっていきます。成長が著しいですね。こころちゃんの作品をお渡しした封筒に入れておきましたので、ご覧ください。
・明日は暑くなりますので、水遊びをします。着替えとバスタオルをご用意ください。

　「拝見する」は、「見る」の謙譲語です。自分が見るときに使います。保護者に見てもらう場合は「ご覧いただく」となります。「著い」は送り仮名が、「熱く」は漢字が正しくありません。

　特に間違いやすい言葉遣いや漢字は、書いた後に必ず確認するようにしましょう。保育中に使っている手帳の裏にまとめておいてもよいでしょう。

≫≫≫ 保護者の誤字や脱字にはどうやって対応するか？

　保護者が書いた文章に、言葉遣いや漢字の間違いがあることもあります。このようなときは、訂正したり間違いを責めないようにしましょう。特に、保護者に説教をするようなことはしてはいけません。たとえば、「一緒に、と書くべきところが、一諸に、となっていました。親が正しい漢字を書くことで、子どもにもよい影響を与えます」のように書くと、保護者から反発を招くことになります。連絡帳は、保育者と保護者の気持ちをつなぐためのものであることを忘れないようにしましょう。

POINT

言葉や漢字を正しく使うことで、子どもに対する保育者の心遣いが保護者に確実に伝わります。

10 対面で伝えた方がよいことを知っておく

あえて連絡帳には書かないで、保護者に対面で伝えた方がよいことは何かを理解することで、保護者からの信頼をさらに強めることができます。

なぜ連絡帳を使わない方がよい場合があるのでしょうか？

　文章はどれだけていねいに書いても、書き手と読み手の理解や解釈がずれてしまうことがあります。特に、**ネガティブな内容であるほど、ずれが大きくなりやすいです**。保護者の不安や心配を大きくしないためにも、連絡帳で伝えるか、対面で伝えるかの的確な判断をするようにしましょう。

対面で話した方がよい内容とは？

　対面で伝えた方がよい内容は3つあります。まず、**事故や怪我です**。緊急を要する場合はすぐに電話で連絡します。そうではない場合は、お迎えの際、子どもに会う前に、保育者から保護者に直接伝えます。次に、**ネガティブなことです**。子どもの様子に違和感がある、発達に関して気になることがあるという場合は、連絡帳で伝えるよりも、直接伝えた方が内容が正しく伝わります。最後に、**保護者の勘違いや思い込みに対応する場合です**。友だちからいじめられている、言葉の習得を早くするためにはこの方法が絶対に正しいから取り入れてほしい、というような保護者からの連絡に対しては、連絡帳で返事を書くよりも、直接話を聞き、対応した方が保護者の納得を得やすくなります。

対面で話した後の経過や様子は、連絡帳に書きましょう

　事故や怪我の場合は、その後の経過や様子を連絡帳に書くようにしましょう。たとえば、公園で遊んでいる際に右手の人差し指に深い切り傷ができた場合は、まずは当日のお迎えの際に対面で伝えます。その後、遊んでいるときは痛がっていないか、左手も使って十分に食事はとれているかなど、園内での経過や様子を連絡帳で伝えるようにします。このように、事故や怪我の後の対応を連絡帳で伝えることで、保護者からの信頼を得ることができます。

怪我の上手な伝え方

新人さんの連絡帳

　今日の午後は公園で遊びました。こころちゃんは、古い切株で遊んでいる際に、枝で右手の人差し指を切ってしまいました。出血もしました。痛みもあったため、かなり大声で泣きました。園に戻り、消毒して、絆創膏をはっておきました。今後はこうした事故が起きないように気をつけます。申し訳ございませんでした。

先輩のお手本

　右手の人差し指の怪我の件：今日は痛がる様子もなく、いつものように右手も使って積み木を積んだり並べたりして遊んでいました。食事のときも、絆創膏を時々気にしていましたが、右手を使って食べていました。園生活では困った様子は見られないようです。午睡前に消毒をして、新しい絆創膏に取り替えました。ご自宅の様子はどうでしょうか。

　切り傷、出血した、大声で泣いたという言葉を見ると、保護者はとても不安になります。連絡帳で伝えるのではなく、対面で伝えるようにしましょう。特に、事故や怪我は、子どもや他の保護者から聞く前に、保育者から伝えるようにします。

　書き出しを工夫したことで、他の内容と怪我のことを区別したことがわかりますね。また、その後の様子と園での対応が具体的に書かれています。自宅での様子を質問することで、保護者の気持ちに寄り添うこともできていますね。

>>> 事故や怪我について対面で話す際のコツは？

　まず、謝罪をします。次に、事故や怪我の状況や経緯を伝えます。このとき、保護者が言い訳や弁解のように感じることは言わないようにしましょう。保護者の反発や不信を招くからです。最後に、事故や怪我に対してどのような判断と対応をしたのか、今後の対応はどうするかを伝えるようにしましょう。このように、順を追ってていねいに説明することで、保護者に伝わりやすくなります。保護者の性格や考え方によっては、自分一人ではなく、園長や主任にも同席してもらうとよいでしょう。

POINT

事故や怪我、ネガティブなこと、勘違いしていることは、連絡帳ではなく、対面で伝えるようにしましょう。

STEP UP! コラム

肯定的な表現を使うメリットとは？

　肯定的な表現を使うメリットはいくつかあります。ここでは、肯定的な表現を使うメリットを3つ紹介しましょう。

　まず、保護者に勇気や元気を与えることができます。けんかばかりしている、わがまま、言葉の発達が遅い……。こうした否定的な表現を見ていると、保護者は自分の子育てに自信をなくすのみならず、園の保育や教育にも不信感を募らせるようになります。連絡帳に書いたことは残ります。後から連絡帳を読み返して、自分の子どもについて否定的な表現ばかり並んでいたら、みなさんならどう感じますか。

　次に、物事の見方が多面的になります。つい否定的な表現を書いてしまったら、いったん立ち止まって、肯定的な表現に変えられないかを考えてみましょう。これを繰り返すことで、物事を多面的に見る癖がついてきます。様々な角度から物事を見る力は、よりよい保育を考え、展開するために必要なものです。

　最後に、肯定的な表現を使うと、保育者の物事の見方も肯定的になります。だから、子どものよさを見つけやすくなるのです。保育者の使う言葉は、保育者の心持ちや見方にも大きな影響を及ぼします。前向きな気持ちをもち、子どものよさを見つけるためにも、常に肯定的な表現を使うようにしましょう。

保育者は前向きな
姿勢をもつことが
大事です。

💬 質問→回答→理由の順番で話すようにしましょう ·················

　保護者からの質問にはきちんと回答することが重要であると説明しました。実は、これは連絡帳の書き方に限ったことではなく、日々の会話や保育カンファレンスでも重要なことです。質問にきちんと回答するということは、保育者としてあらゆる場面で重要なのです。また、回答をする際は、その理由をきちんと説明することも重要です。つまり、質問→回答→理由の順番で話すようにするのです。

例 発表会で各クラスが何を発表するか

さき先生のクラスは、何を発表するつもりですか？

✕ 悪い例

しおりちゃんの保護者対応が大変で、それに日案もまだ書けていなくて…

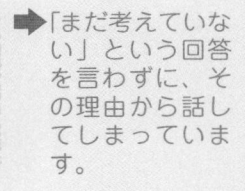

➡「まだ考えていない」という回答を言わずに、その理由から話してしまっています。

◯ 良い例

まだ考えていません（回答）。しおりちゃんの保護者対応を優先していましたので、これからしっかり考えて、次の保育カンファレンスでご報告いたします（理由）。

➡回答を先に話してから、その理由を話すことで、わかりやすい受け答えになっています。

　このように、質問にはきちんと回答すること、回答をする際は理由を説明することを、常に心がけるようにしてください。

　なお、起承転結という文章のスタイルがあります。これは、連絡帳や保育カンファレンスには好ましくありません。なぜなら、起承転結は、文学作品や小説のようなハラハラ、ドキドキする展開を作るためのものです。そのため、一見すると本題に関係のないような内容も盛り込まれています。ですが、連絡帳や保育カンファレンスでは、相手をドキドキさせる必要はありません。何より、回りくどい言い方では内容が伝わりません。質問に対して簡潔に回答し、その理由を説明するようにしてください。

このような言い方をしていませんか？

　言葉の使い方次第で、保護者から信頼されることもあれば、この先生で大丈夫かしら？と不信を招くこともあります。だから、正しい言葉の使い方を学ぶ必要があるのです。ここでは、よく使われるけれど実は好ましくない言葉を3つ挙げてみましょう。

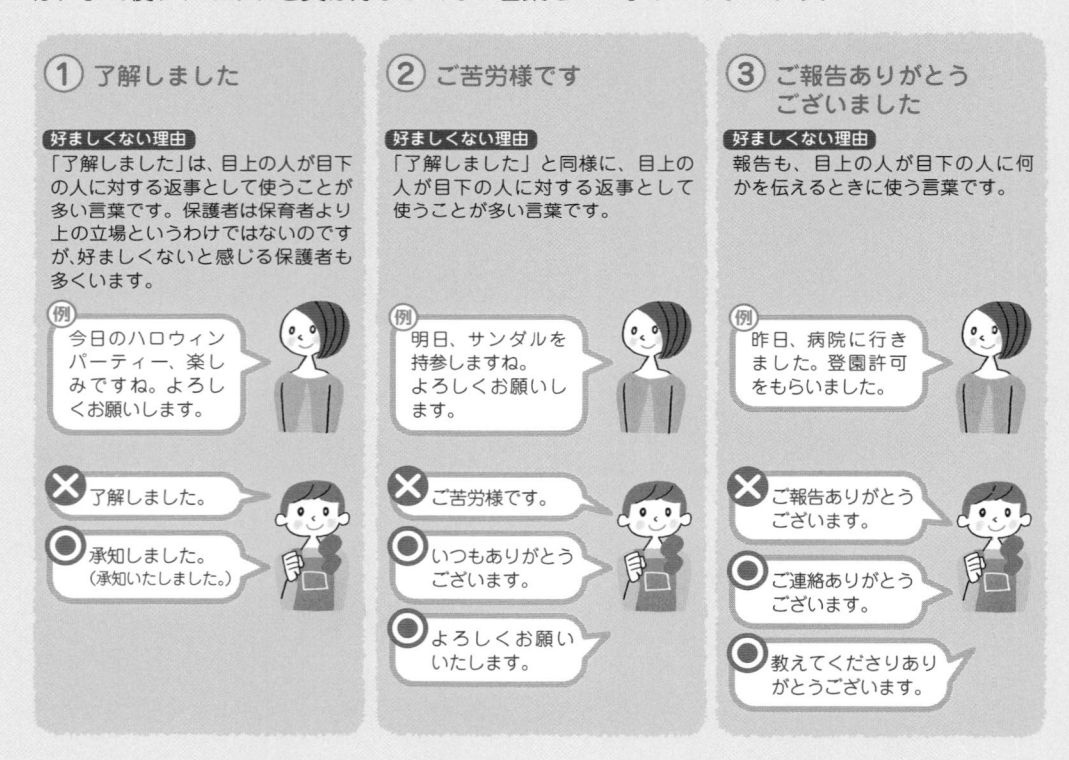

① 了解しました

好ましくない理由
「了解しました」は、目上の人が目下の人に対する返事として使うことが多い言葉です。保護者は保育者より上の立場というわけではないのですが、好ましくないと感じる保護者も多くいます。

例
今日のハロウィンパーティー、楽しみですね。よろしくお願いします。

✕ 了解しました。

⭕ 承知しました。
（承知いたしました。）

② ご苦労様です

好ましくない理由
「了解しました」と同様に、目上の人が目下の人に対する返事として使うことが多い言葉です。

例
明日、サンダルを持参しますね。よろしくお願いします。

✕ ご苦労様です。

⭕ いつもありがとうございます。

⭕ よろしくお願いいたします。

③ ご報告ありがとうございました

好ましくない理由
報告も、目上の人が目下の人に何かを伝えるときに使う言葉です。

例
昨日、病院に行きました。登園許可をもらいました。

✕ ご報告ありがとうございます。

⭕ ご連絡ありがとうございます。

⭕ 教えてくださりありがとうございます。

　保護者の中には社会人として働いている方も多くいます。保育者も同じ社会人です。最低限のビジネスマナーや正しい言葉の使い方を守ることは、保育者が保護者から信頼を得るために欠かせないのです。

文章の「きほん」を身につけよう

主語

用語
統一

文章
構成

述語

連絡帳の書き方は、「要録」、「保育記録」、「指導計画」の
ような園内の様々な文章の書き方にも簡単に応用できます。
本章では、実際の連絡帳に書かれた文章をもとに、連絡帳だ
けではなく、文章全般の書き方の10のコツを学びましょう。

01 何を伝えるかテーマを決めてから書き始める

連絡帳にあれもこれも書くのはよくありません。書くべきテーマを決めて、それに即した内容を書く方が、保護者にも伝わりやすくなります。

新人保育者の実例

　登園後は、いつもの仲良しメンバーのたくや君やさとし君と遊んでいました。途中で室外に出て、園庭を走っていました。昼食では、野菜スープの野菜を残さず全部食べていました。午睡前には、一人で絵本を読んで楽しんでいました。今日の午後は体操教室のため、みんなで汗を流し、心地よい気持ちになっていました。

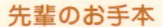

先輩のお手本

　今日の昼食は、パン、野菜スープ、鶏肉のくわ焼き、里芋の煮物、梨でした。野菜スープはニンジン、玉ねぎ、シイタケ、きゃべつでした。どれも残さないで全部食べていました。最近は食べ物の絵本を読むことも多く、食材や食事に対する興味が高まっているようです。

たくさん書くほど、伝わりません

　新人さんの例では、登園後の遊びの様子、昼食の内容、午睡前の様子、午後の保育と四つのことが書かれています。どれも中途半端で、具体的な子どもの様子がわからないので、保護者は不安を感じてしまいます。

思い切って書くことを一つに絞る！

　あれもこれもと羅列して書くのではなく、今日のテーマはこれにすると決めてから、書くようにしましょう。ここでは、食に対する興味の高まりがテーマです。テーマを決める際は、子どもの育ちや成長した姿がわかるものがよいでしょう。

POINT

今日はこれを伝えるというテーマを決めましょう。
テーマを絞って書くと、わかりやすく、
具体的な文章になります。

02 一つの文では一つのことだけ伝える

一つの文では一つのことだけ伝えるようにすると、忙しい保護者にもすぐに理解してもらえる文章になります。

新人保育者の実例

　こいのぼりの季節になってきたので、こいのぼり製作をするにあたって、実際に園の裏にある池に鯉を見に行ってみたところ、手を叩くと鯉が近寄ってきたので大喜びしながら、「おっきー」「何か食べてるよ」「あっちに行ったよ」と鯉に興味津々な様子や鯉と触れ合う様子が見られました。

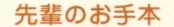

先輩のお手本

　こいのぼり製作をするために、園の裏にある池に鯉を見に行きました。こころちゃんは、手を叩くと鯉が近寄ってくる様子に興味をもったようです。「おっきー」「何か食べてるよ」「あっちに行ったよ」と私に教えてくれました。

一つの文にあれもこれもと詰め込むのはやめましょう

　新人さんの例では、一つの文にたくさんの内容が詰め込まれています。これでは、保護者に伝わりにくく、誤解を招く原因にもなります。先輩のお手本のように、一つの文で伝えることは一つだけにするようにしましょう。

無駄な言葉を減らして、一つの文を短くする

　一つの文で一つのことだけ伝えるためには、文を短くすることを意識するとよいでしょう。書かなくても伝わる言葉や重複する言葉を削るようにします。たとえば、この文章を書くときは春でしょうから、「こいのぼりの季節になってきたので」は不要です。

POINT

一つの文では一つのことだけ伝えるようにしましょう。そのために、文を短くすることを意識するとよいでしょう。

03 主語と述語を対応させる

主語と述語が対応していないと、何回も読み直さないと理解できない文章になります。「誰が、どうした」をはっきりさせると、わかりやすい文章になります。

新人保育者の実例

　今日は雨がたくさん降っていたので、雨に触れてみました。「雨ってどんなかたちかな？」と言うと、「まるいのとか、真っ直ぐで大きい雨もあるなあ」と答える姿が見られました。その後、壁画製作のあじさいの周りに雨を描いてみると、「さっきの雨はまるだったから、まるで描いてみよう」と窓の外を見ながら提案してくれました。

先輩のお手本

　今日はクラス全員で雨に触れてみました。私が「雨ってどんなかたちかな？」と質問すると、こころちゃんは「まるいのとか、真っ直ぐで大きい雨もあるなあ」と教えてくれました。その後、壁画製作で雨を描く際に、こころちゃんは「さっきの雨はまるだったから、まるで描いてみよう」と提案してくれました。

保育園や幼稚園にはたくさんの人がいます

　新人さんの例では、「雨ってどんなかたちかな？」と保育者が言ったのか、子どもが言ったのかわかりません。保育園や幼稚園にはたくさんの人がいます。主語を書かないと、「誰が、何をしたのか」わかりにくく誤解を招きやすい文章になってしまいます。

一文を書き終えたら主語と述語の対応を確認しましょう

　日本語は主語を書かないことが多いという特徴があるため、つい主語を書き忘れてしまいます。**文を一つ書き終えたら、主語と述語が対応しているかを確認しましょう。**

POINT

主語と述語を対応させることで、わかりやすい文章になります。

04 主語と述語の距離を近づける

主語と述語が近くになるように書くことで、書き手の言いたいことが早くわかり、正しい内容が伝わりやすくなります。

新人保育者の実例

　こころちゃんは、今日のお誕生会では「あさいこころちゃん」と名前を呼ばれてみんなの前に出て、手作りの帽子のプレゼントをもらって、美味しいケーキを食べて、みんなからたくさん祝福されて、とても嬉しそうでした。

先輩のお手本

　今日はこころちゃんのお誕生日会でした。手作りの帽子をもらったりケーキを食べたりして、こころちゃんは嬉しそうでした。

主語と述語が遠いと読むのが大変です

　新人さんの例では、「こころちゃんは」という主語と、「嬉しそうでした」という述語が離れています。主語を見てから述語がなかなか出てこないと、読む人は「で、どうなったの?」とモヤモヤしながら読むことになってしまいます。

一つの文を短くして、主語と述語を近づけましょう

　主語と述語を近づけるコツは、不要な言葉を削って文を短くすることです。長い文を書くと、いつの間にか主語と述語が離れてしまいます。先輩のお手本では、「プレゼント」、「美味しい」、「とても」などが削られています。さらに、文を二つに分けています。

POINT

主語と述語を近づけましょう。
そのためには、一つの文を短くすることです。

05 保護者に何をしてもらいたいか具体的に書く

お願いごとがあるときは、保護者にしてほしいことがわかるように書きましょう。そうすると、保護者が保育者の期待通りに動いてくれます。

新人保育者の実例

　こころちゃんは本当にお散歩が大好きです。今日もお散歩の時間ははりきって先頭を歩いていました。こころちゃんの靴ですが、成長してきたこともあって窮屈なように感じます。また、そろそろ暑くなってきたので、サンダルでもよいかもしれません。

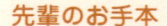

先輩のお手本

　今日のお散歩の時間も、こころちゃんは楽しんでいました。さて、靴のサイズがあわなくなってきたようですので、ご確認のうえ、新しい靴を用意してください。また、これから真夏日が続くそうですので、来週の月曜日までにサンダルを持参してくださるとありがたいです。

曖昧な言い方では伝わりません

　新人さんの例では、保護者に何を求めているのかわかりません。サンダルでも靴でもよいと言いたいのか、サンダルの方がよいので持参してほしいと言っているのかわかりません。

いつまでにしてほしいのかも伝えましょう

　保護者に何かをお願いする際は、お願いの具体的な内容がわかるように書きましょう。**確認するだけなのか、何かを決めて返事をしてほしいのか、行動してほしいのかが、伝わるように書きましょう。**特に、いつまでにという期日を忘れないようにしましょう。

POINT

確認、判断、行動のどれを求めるのかわかるように書きましょう。いつまでにという期日も必要です。

06 伝えたい内容を整理・分類して書く

伝えたい内容を整理・分類して、保護者が一目見ただけで、伝えたい内容がいくつあるかわかるようにしましょう。早く、正確に伝わります。

新人保育者の実例

　最近、食事の際にスプーンを使って食べようとするようになりました。手づかみで食べているお友だちも多く、この時期はそれでもかまわないです。自宅でもスプーンを使うようにしてみてはいかがでしょうか。明日は水遊びがありますので、必要なものをご用意ください。

先輩のお手本

（1）食事の際にスプーンを使って食べようとするようになりました。スプーンを使ってみたいというこころちゃんの気持ちを大事にしていきたいと思います。ご自宅でもスプーンを用意してくださると助かります。
（2）明日は水遊びがありますので、水着とバスタオルを持参してください。

文章は見た目も大事です

　新人さんの例は、食事と水遊びの話が一つの段落にまとめて書いてあります。そのため、ぱっと見ただけでは、どのような内容がいくつ書かれているかわかりません。保護者が内容を理解しにくいため、「伝えたのにやってくれなかった」ということにもなりかねません。

ぱっと見ただけで内容がわかるようにしましょう

（1）や「・」等の記号、「まず」「次に」「最後に」のような言葉、改行や見出しを用いて、伝えたい内容を整理・分類しましょう。 特に、伝えたいことが複数あるときは、（1）今日の様子、（2）明日の持ち物、のように、見出しを立ててから書くとわかりやすくなります。

POINT

複数の内容を伝えるときは、内容を整理・分類しましょう。ぱっと見ただけでわかるようにすることが大事です。

使う用語を統一する

同じ意味の言葉は同じ言葉で統一しましょう。そうすると、知的な文章に見えます。保護者からも信頼されやすくなります。

新人保育者の実例

　今日の昼食はたくさんおかわりしました。こころちゃんは、ランチの時間はいっぱい食べて、みんなとお話ししながら楽しく食べています。いつも毎日のお昼ご飯を楽しみにしてくれています。

先輩のお手本

　今日の昼食では、こころちゃんは3回もおかわりしました。昼食時には、みんなとお話ししながら、楽しく食べていました。

同じ意味の言葉は同じ言葉にしましょう

　新人さんの例は、「昼食」、「ランチ」、「お昼ご飯」が出てきます。同じ意味なのに言葉が変わると、読む側の負担になります。この場合、どれか一つの言葉で統一しましょう。

言葉や表現の統一を意識しましょう

　連絡帳は、保護者に早く、正確に内容を伝えることが重要です。そのために、**同じ意味の言葉は統一しましょう**。たとえば、「色々」と「様々」、「こと」と「事」、「ため」と「為」、「いっぱい」と「たくさん」など、どちらかに決めて統一するようにしてください。

POINT

同じ意味の言葉は一つの言葉に統一しましょう。連絡帳では、保護者に早く、正確に内容を伝えることが大事です。

08 接続詞を正しく使う

文と文の関係を教えてくれるのが接続詞です。接続詞を正しく使うことで、文章を短くできたり、意味が伝わりやすくなったりします。

新人保育者の実例

　いつも仲良しのたくや君と一緒に積み木で遊んでいましたが、うまく積み上げることができなくて困っていたようですが、最後はたくや君と一緒にとても高く積むことができました。そして、「すごい！」とほめられていました。なので、これからも最後までやり切る経験ができるようにしていきたいです。

先輩のお手本

　たくや君と積み木遊びをしました。最初は、うまく積み上げることができなくて困っていたようです。でも、最後はたくや君と協力し合って高く積むことができました。だから、クラスの仲間に「すごい！」とほめられていました。このように、最後までやり切ることができるようになってきました。

「が」を多用すると意味が伝わらない文章になります

　新人さんの例では、一つの文の中で「が」が2回も出てきます。「が」には、「そして」、「しかし」、「だから」などたくさんの意味があります。そのため、読み手はその意味を考えて読まなければならなくなり、負担を感じてしまいます。

一つの文を短くして、文と文を接続詞でつなぎましょう

　一つの文を短くして、文と文を接続詞でつなぐと文章が読みやすくなります。また、できるだけ「が」を使わないようにしましょう。「が」が意味する他の接続詞を使う方が、早く正確に意味が伝わります。

POINT

「が」を使うのではなく、一つの文を短くして、文と文を接続詞でつなぎましょう。

09 名詞の修飾を短くする

名詞を修飾する表現が長いと、保護者が文章を読む際に負担を感じます。修飾する表現を短くするほど、保護者が早く、正確に内容を理解できるようになります。

新人保育者の実例

　今日の昼食は、5月にみんなで苗を植えて、それからずっと大事に大事にしてきて、大きくなってねと願いを込めて育ててきたさつまいもを使ったものでした。こころちゃんも、たくさん食べていました。

先輩のお手本

　今日の昼食は、さつまいもを使ったものでした。このさつまいもは、5月から今日まで、みんなで大事に育ててきたものです。こころちゃんは、2回もおかわりしました。

名詞を修飾する表現が長いほど、わかりにくくなります

　新人さんの例は、「さつまいも」を修飾する表現が長すぎて、1回読んだだけでは意味がわかりません。このように、名詞を修飾する表現が長いと、文章が読みにくくなります。

単独の文にしましょう

　先輩のお手本では、さつまいもを修飾していた表現が「このさつまいもは〜育ててきたものです。」という一つの文になっています。**名詞を修飾する表現が長いときや修飾語と名詞の距離が遠くなるときは、このように文を分けると、わかりやすい文章になります。**

POINT

名詞を修飾する表現が長いと、文章がわかりにくくなります。修飾する表現を単独の文にしましょう。

10 大げさな表現は使わないようにする

「とても」や「すごく」、「！」や顔文字を使うと、わざとらしく感じたり、幼稚な文章というイメージをもたれたりします。

新人保育者の実例

　今日はおんぶで園周辺のお散歩に行きました！！とても天気がよく、すごく気持ちよくて、あっという間に入眠しました！ここちゃん、今日もかわいかったです(^^) ！

先輩のお手本

　今日は、私がこころちゃんをおんぶして、園周辺の散歩に行きました。温かい日差しが気持ちよかったためか、すぐに入眠しました。

大げさな表現は使わないようにしましょう

　新人さんの例は、「！」や絵文字があるため、文章が稚拙に見えます。また、「とても」や「すごく」はなくても意味が変わらないですし、文が長くなる原因にもなります。

連絡帳の役割を再確認しましょう

　連絡帳は、子どもの様子や連絡事項を保護者に伝えるためのものです。友だちとの交換日記やLINEのようなSNSとは異なります。大げさな表現を使うと、保護者の信頼を得ることが難しくなります。連絡帳では使用しないようにしましょう。ただし、「こころちゃんは、３つもお芋を掘り出してくれました！」のように、**子どもががんばった姿を伝えるときは、１回に限り使ってもよいでしょう。**

POINT

連絡帳は、子どもの様子や連絡事項を適切に伝えるためのものです。大げさな表現は使わないようにしましょう。

STEP UP! コラム

🎯 ていねいすぎも、くだけすぎも、好ましくありません ……………

　連絡帳はていねいに書きましょうということを説明してきました。しかし、ていねいすぎることも好ましくありません。

> **新人さんの連絡帳**
>
> 　明日は水遊びをしますので、着替えとバスタオルをご用意くださいませ。
> 　よろしくお願い申し上げます。

　確かにていねいな言い方ではあるのですが、どこか冷たさも感じてしまいます。保護者にとって保育者は子育ての力強い仲間なのですから、保護者が保育者に心理的な距離感を感じてしまうことは好ましくありません。この場合は以下のようにするとよいでしょう。

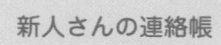

> **新人さんの連絡帳**
>
> 　明日は水遊びをしますので、着替えとタオルをご用意ください。
> 　よろしくお願いします。

　また、保護者と仲良くなったり、保護者のメッセージがフレンドリーに書かれていたりすると、つい友だち感覚で返事を書いてしまうことがあります。

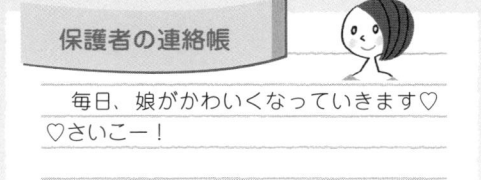 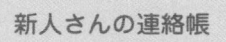 

保護者の連絡帳

　毎日、娘がかわいくなっていきます♡
♡さいこー！

新人さんの連絡帳

　わかります！！
　私もついぎゅーってしたくなっちゃい
ます (^^)

　こうした返事は好ましくありません。親しき仲にも礼儀ありと言います。また、保育者は保育の専門家としてふるまうことが大切です。何より、連絡帳は多くの人が読みます。園側では園長、主任、家庭では子どもの両親、祖父母、あるいはかかりつけ医も読むことがあります。そのため、以下のように保護者の思いを受け止めつつ、保育者として適切な返事をするようにします。

適切な例

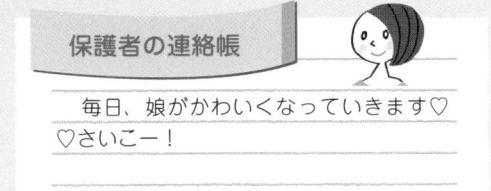 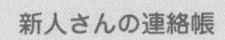 

保護者の連絡帳

　毎日、娘がかわいくなっていきます♡
♡さいこー！

新人さんの連絡帳

　こころちゃんはお母さまからたくさん
の愛情を注がれて幸せですね。これから
も、こころちゃんの育ちを支えていきます。

　ていねいすぎず、くだけすぎない書き方をするためには、園内の先輩保育者の書き方を参考にするとよいでしょう。保護者との適切な距離の取り方がわかるはずです。

🎯 自分の意見と事実を区別するようにしましょう

　文章を書く際は、自分の意見と事実を分けるようにしましょう。意見とは、保育者の判断や推測のことです。たとえば、「今日の午後は、こころちゃんは積み木遊びを楽しんでいました」では、「楽しんでいました」が保育者の意見です。事実とは、具体的なエピソードや数字のことです。たとえば、「今日の午後は、こころちゃんは積み木遊びを 10 分もしていました」では、「積み木遊びをしていた」、「10 分」が事実にあたります。

自分の意見を書く際は事実とセットにすると、保護者にも理解してもらいやすくなります。たとえば、「今日の午後は、こころちゃんは10分も積み木遊びを楽しんでいました」の場合、「10分」という事実が書かれていることで、なぜ「楽しんでいた」と保育者が判断したのか、保護者に伝わりやすくなります。月齢にもよりますが、子どもが10分も集中して遊んでいるのは楽しいと感じていたから、という判断は納得しやすいからです。

新人さんの連絡帳（意見のみ）

今日の午後は、こころちゃんは積み木遊びを楽しんでいました。

新人さんの連絡帳（意見＋事実）

今日の午後は、こころちゃんは10分も積み木遊びを楽しんでいました。

「10分も」という言葉があるおかげで、こころちゃんが積み木遊びに熱中し、楽しんでいた様子が伝わりますね。

　保育園も幼稚園も、連絡帳だけではなく、保育日誌や指導計画など書くべきものはたくさんあります。その際も、自分の意見と事実を区別して書くようにしましょう。そうすると、読み手に対して、伝えたい内容を早く、正確に伝えることができます。

期待をもたせるような言い方をすると、誤解を招きます

　保護者からの要求や要望に対して、「できるかもしれないので考えてみます」のような期待をもたせるような言い方をすると、保護者は「できる」、「やってくれる」と理解します。これが、行き違いを生み、信頼関係が壊れるもとになります。だから、要求や要望に対して回答する際は、「今の時点ではわかりませんので、園内で確認してからお返事いたします」、「園内で相談してから結果をご報告します」のように、誤解をされないような言い方をしましょう。

もっと上達するためのコツ & 時短テクニック

文例集はどうやって使うの？連絡帳の書き出しを上手に書くためにはどうしたらよいの？連絡帳に書くことが思いつかないときはどうしたらよいの？スマートフォンのアプリは使えないの？本章では、こうした悩みを解決して、連絡帳をもっとよくするための５つのコツを学びましょう。

01 文例集を正しく活用する

連絡帳の文例集は、そのままコピペしても保護者に伝わりません。文例集を正しく使うコツを理解すると、連絡帳の書き方が身につき、時短にもつながります。

文例集のコピペでは、保護者に伝わりません

連絡帳を書く際に、文例集を使うと時短になるだけでなくよりよい内容になります。ただし、正しい使い方をする必要があります。文例集を使う際に、最もよくないことは、文例集の文章をそのままコピペしたり、適当につなぎ合わせたりすることです。これでは、意味が通じない文章や、必要以上に長い文章になり、保護者に内容を理解してもらうことができません。

文例集を正しく使うための3ステップ

文例集は次の3つのステップで使うようにしましょう。**まず、文章の構成を考えます。**すでに説明したように、よい文章になるかどうかは、書く前に決まります。だから、何を、どの程度、どの順番で書くのかというように、文章を書く前の構成をしっかり作ることが大事です（50ページ参照）。

次に、自分が言いたいこと、伝えたいことを考えます。その後で、文例集を読み、自分が言いたいことや伝えたいことを表現できそうな言葉や表現（言い回し）を探すようにします。自分が言いたいことを先に決めないで文例集を読むと、あれもよさそう、これもよさそうとなって、いつまでたっても決まらないのです。だから、文例集は文章をそのままコピペするために使うのではなく、言葉や表現を拾うために使うようにしましょう。

最後に、文例集の言葉や表現を使った際は、文例集の該当箇所に下線を引いたり、印をつけたりしておきます。学期末や年末に文例集を振り返ることで、自分が使った言葉や表現の復習にもなりますし、自信にもつながります。

3ステップで文例集を使いこなそう

ステップ 1

文章の構成を考えて、伝えたいことを明確にする

こころちゃんが寝返りできたことを伝えたい。
単純に事実を伝えるんじゃなくて、
保護者に子育てのモチベーションを上げてもらえる
ような表現がしたいなあ……

ステップ 2

文例集から自分が伝えたいことを上手く表現している言葉を拾う

なるほど。毎日挑戦していたという、今までの過程を
一緒に伝えることで、寝返りができたことの喜びが
もっと伝わるんだ!
この表現を使って自分なりの文章を書いてみよう。

ステップ 3

文例集のマーカー部分を見て、自分が使った表現の復習をする

この表現を使ったおかげで、保護者とこころちゃん
の成長の喜びを分かち合うことができたなあ。
寝返りだけじゃなく、他の成長場面でも使って
みようかな。

POINT

3つのステップを踏まえることで、文例集を生かすことができ、
よりよい連絡帳になります。

02 書き出しと締めの文を ストックしておく

連絡帳の書き出しと締めくくりの文を変えることで、毎日きちんと考えて書いてくれていると、保護者は感じます。また、時短にもつながります。

いつも同じ書き出しをしていませんか？

連絡帳を書く際、「お返事をいただきありがとうございます」や「明日も元気なこころちゃんに会うのを楽しみにしています」のように、いつも同じ書き出しや締めくくりにしていませんか。**いつも同じ表現ばかり使っていると、手抜きをしている、きちんと考えて書いていないと感じる保護者もいます。**

効率よくストックを増やす方法は？

書き出しと締めくくりの文を多様にするためには、使える表現、つまりストックを増やすことが必要です。ストックが多いほど、書き出しと締めくくりが多様になります。

そこで、**できる限りたくさん先輩の連絡帳を見せてもらうとよいでしょう。**そこから、書き出しと締めくくりの文をノートに書き写しておくのです。その際、単純に書き写しただけでは、いざ使おうというときに使い勝手が悪くなります。

ですから、**項目別に整理しておくのです。**たとえば、乳児用、1・2歳児用、3歳以上児用のような分け方もよいでしょう。また、保護者からの質問がある場合、要求や要望がある場合、クレームがある場合のように、場面別に分けてもよいでしょう。自分が使いやすいように整理しておくことが重要です。

使った表現にはチェックを入れましょう

書き出しと締めくくりの文の一覧表ができたら、使うたびにチェックを入れていきましょう。そうすれば、自分がどの表現を多用しているか、あまり使っていないかがすぐにわかります。このように、ストックからバランスよく使うようにすることで、連絡帳の見映えもよくなりますし、保育者自身の表現力も高まります。

書き出し／締めくくりの文の一例

書き出し文の例

＜保護者の相談に対する返事＞
- ☑ ご相談ありがとうございます。
- ☑ 家庭での様子をお知らせいただきありがとうございます。
- ☑ ○○を心配されるお気持ち、よくわかります。
- ☑ ○○とのこと、お母さま（お父さま）もとてもつらいですよね。
- ☑ いつもお仕事、お疲れ様です。

＜提案やクレームなどに対する返事＞
- ☑ ご提案（ご意見）をいただきありがとうございます。
- ☑ このたびは、ご心配をおかけして申し訳ございませんでした。
- ☑ ○○の件につきまして、本当に申し訳ございませんでした。

締めくくり文の例

＜保護者の相談に対する返事＞
- ☑ 園内でも様子をみていきます。
- ☑ 今後も経過をお知らせいたします。
- ☑ ご家庭での様子もお知らせいただけるとありがたいです。
- ☑ 他にも心配事がありましたら、いつでもお知らせください。

＜提案やクレームなどに対する返事＞
- ☑ 園でも検討をさせていただきます。
- ☑ このたびは貴重なご意見をいただきありがとうございました。

> この他にも使いやすい表現はたくさんあります。自分なりのリストを作っておくとよいでしょう。

POINT

書き出しと締めくくりの文を多様にすることは、保育者自身の表現力を高めることにもなります。

03 書くことが浮かばないときは「10の姿」で解決

連絡帳は毎日書くので、書くことが浮かばないこともあります。「10の姿」を使った簡単な表を使うことで、書くことがたくさん浮かんできます。

「10の姿」を使った表を作りましょう

連絡帳には、子どもの育ちがわかるような様子や場面を記入します。ですが、どのような様子や場面を選んでよいか悩むこともあります。特に、連絡帳は毎日書くものなので、何を書いたらよいか悩むことが多いでしょう。

このようなときには、**子どもたちの育ちが見つけやすくなるような保育の記録を作り、そこから連絡帳に転記するとよいでしょう。**たとえば、右図のように、子どもたちが遊んでいる様子がわかる写真をいくつか並べ、縦に「10の姿」、横にそれぞれの子どもの名前を並べた保育の記録を作ります。写真を見ながら、子どもたちの言動を振り返り、遊びを通して子どもたちのどのような力が伸びているか、育ってきたかを、「10の姿」の観点から考えるのです。

この遊びの中で、こころちゃんがたくさんの素材を組み合わせて、それぞれに様々な色をつけていたのなら、「豊かな感性と表現」の欄にそのときの様子を記入します。もちろん、素材の組み合わせを試行錯誤しているのですから、「思考力の芽生え」に記入してもよいです。両方に記入してもよいです。

このように、**「10の姿」の観点から子どもの育ちを振り返ることで、子どもの育ちを多面的に考えることができます。**こうして記入したものからいくつか選んで、連絡帳に転記するようにするのです。

この表は次の保育を考える際にも役立ちます

なお、「10の姿」の観点から記入すると、あまり記入されていないところが出てくることもあります。それは、**遊びや生活の中で、その部分の育ちが十分ではない可能性を意味しています。**だから、それを補うような保育として何ができるかを考えるようにしましょう。また、園内研修で参加者全員が考え合い、記入し合うのもよいでしょう。

「10の姿チェックシート」を活用しよう！

　下記のシート（176ページよりダウンロード）を使って、子どもの様子を「10の姿」ごとに書き込んでみましょう。そうすることで、連絡帳に書くことが浮かばないときにも、困ることは少なくなります。また、このシートを使えば、子どもたちの成長を幅広く、かつ、深い視点でとらえることができるようになるので、保育がもっと楽しくなります。

こころちゃんの様子
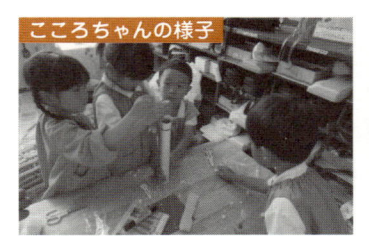

たくや君の様子
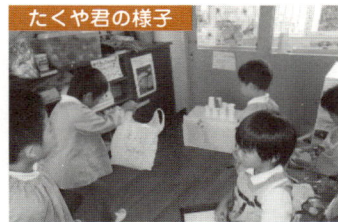

しおりちゃんの様子

幼児期の終わりまでに育って欲しい姿	こころちゃん	たくや君	しおりちゃん
健康な心と体	元気に長時間集中して遊べていた		
自立心			
協同性	友だちと相談しながらどんなものを作るのかを決めていた		
道徳性・規範意識の芽生え	遊んだ後、しっかりと片付けができていた	「こころちゃん」の欄と同様に、写真を見ながらシートを入力	
社会生活との関わり			
思考力の芽生え			
自然との関わり・生命尊重			
数量や図形、標識や文字などへの関心・感覚			
言葉による伝え合い	自分で作ったものがどこがすごいかを友だちと共有し合っていた		
豊かな感性と表現	自分なりにたくさんの素材を組み合わせ、様々な色をつけて遊んでいた		

POINT

「10の姿」を使った表を活用して子どもの育ちを多面的に捉えることで、連絡帳に記入することがたくさん出てきます。

04 上手に書けないときは原因を把握する

「どうしたら書けるようなるか」から、「なぜ書けないか」へ発想を切り替えることで、上手に書けるようになるヒントが自然と浮かんできます。

問題を解決することを考える前にすべきことは？

連絡帳が上手に書けるようにならないと感じている保育者もいます。もしみなさんがそのように感じているときは、**どうやったら上手に書けるようになるか、ではなく、どこに問題があって、なぜそのような問題が生じているかを考えてみましょう。**どうしよう、何をしたらよいのだろうと悩まなくても、問題の原因をきちんと把握することができれば、適切な解決策は自然と浮かんでくることが多いのです。

連絡帳の書き方の本を読めば解決する？

たとえば、子どもが遊んでいる様子がよくわからないと保護者から指摘されたとしましょう。そこで、どうしたら伝わるように書けるだろうか、どのようなコツがあるか、をいきなり考えていませんか。連絡帳の書き方を紹介した本をパラパラめくり、例文を真似てみたり、書き方のコツを使ってみたりしていませんか。しかし、こうしたやり方は、よい結果を招かないことが多いのです。

問題が発生したときは、いきなり解決策を考えるのではなく、どこに問題があって、なぜその問題が発生しているかを考えてみましょう。この例では、保護者は具体的にどの表現や内容のことを指摘しているのか、なぜわかりにくいと感じたのかを考えるのです。そうすると、保護者がわかりにくいと感じているのは、すべて子どもが公園で遊んでいるときの様子であることがわかるかもしれません。では、なぜ公園で遊んでいる様子がわかりにくいと感じるのでしょうか。保護者はその公園に行ったことがなく、どんな公園なのかイメージがわかないからかもしれません。だとしたら、保護者に伝わるようにするためには、連絡帳の例文を真似するのではなく、連絡帳に公園の全体像を書いたり、公園の写真を連絡帳に入れたりする方が、保護者に伝わるようになるでしょう。

なぜ上手に書けないのか原因を考えてみよう

>>> 原因を理解した方がよい理由とは？

　以下の図のように、ほとんどの場合、一つの問題に対して複数の原因が考えられます。そして、それぞれの原因ごとに解決法が異なります。つまり、原因を理解しないまま問題を解決しようとすると、間違った解決法を選んでしまう可能性があるのです。

問題	原因	解決法
子どもが遊んでいる様子がわかりにくいと保護者から指摘があった	どこで、どんなふうに、などの基本的な情報が不足している	文章を書くときに5W1H※を意識する
	子どもの様子を想像させるような表現力が不足している	文例集などを見て、使える文章表現を身につける
	保護者が知りたい情報量が連絡帳の範囲を超えている	連絡帳だけでなく、口頭の説明でカバーする

※5W1H：Who（誰 が）、When（い つ）、Where（どこで）、What（何を）、Why（なぜ）、How（どのように）を指し示す言葉

>>> 子どもの様子をわかりやすく伝える方法とは？

　その場にいない保護者に、文章だけで子どもの様子を伝えることは、なかなか難しいものです。そこで、STEP1-05（34ページ）でも紹介している以下のようなコツを活用すると、子どもの様子をイメージしやすい文章にすることができます。

1）子どもの言葉を引用する
例：散歩の帰りに「明日も滑り台に行く！」と話してくれました。この公園をとても気に入ったようです。

2）それまでの経緯・経過を書く
例：最近は雨が続いて外遊びができなかったからか、公園での遊びにいつも以上に熱中していました。

3）数値など客観的に状況がわかる内容を加える
例：今日は公園に行きました。滑り台を気に入ったようで10回以上も遊んでいました。

4）イラストや写真を入れる
例：（公園の写真とともに）この公園は滑り台などの遊具が充実していて、色々な遊具を楽しんでいました。

POINT

連絡帳が上手に書けない原因をしっかり考えることで、どうしたらよいかという解決策が見えてきます。

05 アプリを使ってオリジナルの文例集を作ろう

スマートフォンのアプリを活用して自分が書いた連絡帳を残していくことで、世界に一つだけの「オリジナル文例集」ができます。

連絡帳は保育者の成長の軌跡でもあります

連絡帳は書き終わると、保護者に返却することが一般的です。連絡帳は子どもの育ちの記録ですから、保護者が保管したいと思うことは当然です。しかし、連絡帳は保育者自身の成長の記録という側面もあります。毎日の子どもの様子を書いたり、保護者の悩みに回答したりと、**連絡帳には保育者自身の思考や経験の跡がたくさん残っています。**

Evernoteを活用した連絡帳の保存方法

連絡帳は保育者も保管し、読み返すことで自分の保育を振り返ったり、自分だけの文例集として活用したりするとよいでしょう。

そこで、連絡帳を書いたらスマホで撮影して、Evernoteというアプリで保管していきましょう。Evernoteにはタグをつける機能があるので、8月のある日、3歳児の外遊びに関することを書いたものを残しておくなら、「8月」、「3歳児」、「外遊び」とタグをつけておきます。給食に関する保護者のクレームについて対応した連絡帳なら、「給食」や「クレーム」のようなタグをつけます。このようにすれば、似たような連絡帳を書かなくてはならないときに検索したり活用したりしやすくなります。

もちろん、Evernote以外のアプリもありますから、自分が使いやすいものを探してみてください。

自分だけのオリジナル文例集を活用しましょう

こうして**自分が書いた連絡帳を保管していくことで、世界で一つだけのオリジナル文例集が完成します。**園全体でこうした取り組みをすれば、その園独自の文例集が誕生します。新人保育者が参考にすれば、その園のやり方に即した連絡帳の書き方の見本になるでしょう。

Evernote を使った連絡帳の保存の仕方

ステップ 1

スマートフォンやタブレットをカメラモードにして、連絡帳の写真をとります。
Evernote にはスキャン機能もありますので、スキャンでもかまいません。

ステップ 2

新規ノートに連絡帳を保存し、
タグをつけておきます。

> 誰の、いつの連絡帳かわかるようにしておきましょう。

> 「12月」、「2歳児」、「お誕生会」と、キーワードを使ってタグをつけます。

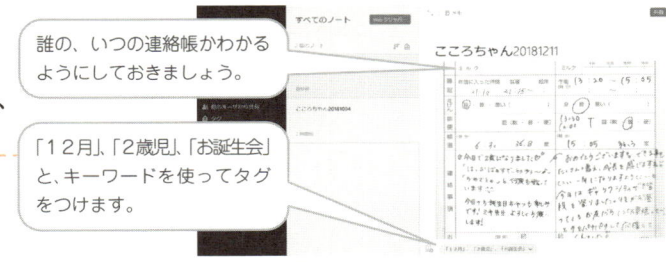

ステップ 3

似たような連絡帳を書かなくてはならないときに、これまで自分が書いてきた連絡帳を検索し、参考にしましょう。

> 検索ボックスに単語を入れると、いくつか候補が出てくるので、見つけやすくなります。

> タグの一覧を見れば、探したい連絡帳をすぐに見つけることができます。

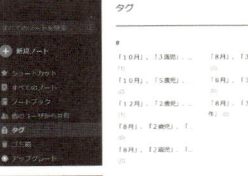

オリジナル文例集の作り方のコツ

> 年度別、月齢別、場面別など、自分が使いやすいように整理すれば、自分だけのオリジナル文例集を作ることができます。

> 連絡帳には子どもと保護者のプライベートな情報が書かれています。個人情報保護の観点からも、連絡帳を保存するときは、保存データの取り扱いなどを園長に事前に相談しておきましょう。

POINT

Evernote のようなアプリで連絡帳を保存し、読み返すことで連絡帳を書く力を高めましょう。

STEP UP! コラム

連絡帳以外の、保育者と保護者をつなぐ方法

　連絡帳を通じて、保育者は保護者と連携していきますが、連絡帳以外にも保護者と連携する方法はあります。たとえば、対面で話をする、園便りやクラス便りを作る、園内や室内の掲示板を活用する、保護者会や個人面談を行う、家庭訪問を行うなどがあります。

　また、最近では、レッジョ・アプローチで活用されているドキュメンテーションや、ラーニング・ストーリーを取り入れている保育所や幼稚園も多くなってきています。これらは、保育者の保育の展開や、子どもの興味や関心、活動の様子を見える化し、保育者と保護者の対話を促すことで、よりよい保育を考え合うためのものです。

　園便りでもドキュメンテーションでも、作ることや掲示・保管することそのものには意味はありません。これらを活用して、保育者や保護者、子どもの間に対話を生み、考え合い、育ち合うということが重要なのです。本書では連絡帳の書き方に重点を置いていますが、連絡帳を書くことそのものが重要なのではありません。連絡帳を通じて、園内の子どもの活動や様子を保護者に理解してもらい、家庭内での子どもの様子を伝えてもらうことで、保育や子育ての質を高めていくことが重要なのです。

保護者と保育者のコミュニケーションツール

	対面でのコミュニケーション	文章でのコミュニケーション
1人の保護者	個人面談、家庭訪問	連絡帳
複数の保護者	保護者会	園便り、クラス便り、ドキュメンテーション

連絡帳は子どもの育ちの記録です

　書き終わった連絡帳を大切に保管している保護者は多くいます。なぜなら、連絡帳は子どもの育ちの記録だからです。連絡帳には、子どもができるようになったこと、がんばったこと、乗り越えたことなど、育ちに関するエピソードや事例がたくさん詰まっているので、読み返してみると子どもの育ちの軌跡がわかります。保護者が子育ての喜びを感じることにもつながります。

　また、連絡帳は子ども自身が読み返すこともあります。自分が育ってきた軌跡を振り返ることは、自信や自己肯定感を育むことにもなります。

　このように、連絡帳は子どもの育ちの記録であることを常に意識すると、なぜ誤字脱字に気をつけるのか、なぜネガティブなことばかり書いてはいけないか、なぜ具体的なエピソードを入れた方がよいか、いっそう理解できるのではないでしょうか。保育者にとっては、書いたら終わり、あるいはたくさんいる子どものうちの1人の連絡帳かもしれません。しかし、保護者や子どもにとっては、大切に保管したいものであり、子どもの育ちを振り返る楽しみを与えてくれるかけがえのないものなのです。

連絡帳はただの伝言ノートではなく、子どもの育ちの足跡でもあります。

MEMO

実例でわかる！
難しい質問・要望への応え方

　なぜそんなふうに保護者は書くの？どうやって返事を書いたらよいの？本章では、連絡帳に実際に書かれた文章を使って、事例や場面別の連絡帳の書き方を学びましょう。保護者や保育者が連絡帳に実際に書いた文例を読むことで、実践的な力も身につきます。

対象年齢：0〜5歳

子どもの健康 咳と鼻水が出ます

保護者から

　ゆうかは昨日の夜から微熱があり、咳と鼻水が出ています。嘔吐や下痢はないのですが、あまり元気ではなかったです。今日のお迎えは私の母にお願いしてあります。何かありましたら、私の携帯に電話してください。

文章からわかる保護者の気持ち

　子どもの体調がよくないことから、いつも以上にきめ細やかに対応してほしいという保護者の気持ちが読み取れます。

心をつかむ！対応のポイント

低年齢児の場合は、体調に関することをていねいに書くようにしましょう。特に、体調がよくない低年齢児を預かる場合は、子どもの体調管理について注意や配慮したことや、子どもの健康状態について詳しく書くようにしましょう。その際、「風邪です」、「食あたりです」のような診断をしてはいけません。保育者は医師ではないのです。また、保護者はとても心配しているので、子どもに元気な様子がみられたのなら、その様子も伝えましょう。

連絡帳の文例

　ゆうかちゃんの体調について、今日はいつも以上に細かく様子をみました。午前中はいつものように積み木遊びや絵本で遊んでいました。並べた積み木を見て見てと、私に合図してくれました。お昼も全部食べましたし、嘔吐や下痢はみられませんでした。お昼寝の時間も、いつもとほぼ同じでした。2回検温しましたが、登園時より熱が上がっていることはありませんでした。園でも引き続き様子を注視していきますので、ご自宅での様子も教えてくださると助かります。

ポイント①

子どもの元気な姿が少しでも見られたら、伝えるようにしましょう。保護者の心配を和らげることができるからです。

ポイント②

「元気になっています」、「大丈夫そうです」という安易な返事はいけません。今後もていねいに対応していくという姿勢をみせましょう。

 こんな文章は NG！

「自宅で休ませた方がよいです」、「先に病院に行ってください」

保護者を突き放したような言い方です。できる限りの対応をする姿勢をみせることが重要です。

先輩からのアドバイス

体調が回復してからしばらくの間は、連絡帳を通じて、経過や様子を共有しましょう。

Case 02

対象年齢：0〜1歳

子どもの健康

指しゃぶりの原因は？

保護者から

　自宅では、ゆかはいつも指しゃぶりしています。癖になるといけないから口から離そうとすると、暴れたり泣いたりします。ゆかと接する時間が少なく、寂しい思いをさせているからでしょうか？

文章からわかる保護者の気持ち

　子どもの指しゃぶりは早く直した方がよい行為だと考えていることがわかります。また、指しゃぶりは自分が仕事をしているせいではないかと、自分を責めている様子も読み取れます。

心をつかむ！対応のポイント

保護者が子どもの特徴をマイナスの視点から捉えている場合は、保育者はそれを真っ向から否定するのではなく、肯定的な視点から捉え直すとよいでしょう。ここでは、指しゃぶりは子どもの育ちにとって意味があることを伝えます。また、子どもの成長とともに消えていくような言動は、「様子をみましょう」ではなく、それまでの間に保育者は何をするのか、保護者に何をしてほしいのかを伝えるとよいでしょう。

連絡帳の文例

　ゆかちゃんの指しゃぶりの件、承知しました。指しゃぶりは、手が自分の体の一部であることを認識したり、赤ちゃんなりの遊びであったりします。こうして、手の動かし方を覚え、色々なものに手を伸ばすようになります。だから、ゆかちゃんが成長するうえでは欠かせないものです。園では、ゆかちゃんが指しゃぶり以外の方法で手の動かし方を学ぶことができるように、色々な形や大きさのものを渡したり、ちょっと手を伸ばせば届くところに置いてみたりしています。ご自宅でも試していただき、様子を教えてくださると助かります。

 ポイント①

保護者は指しゃぶりを否定的に捉えているので、肯定的に捉え直します。その際、専門用語を使うのではなく、保護者に伝わるように具体的に書きましょう。

 ポイント②

無理に口から離すのではない別の方法があることを、園の取り組みとして示すことで伝えることができきます。

❌ こんな文章は NG！

「赤ちゃんにはよくあることです」、「気にしなくても大丈夫です」

一般的な意見を伝えても、保護者の心には届きません。

先輩からのアドバイス

第一子の子育ては多くの不安がともないます。連絡帳だけではなく、対面での話し合いも活用しましょう。

対象年齢：0〜3歳
子どもの健康

夜泣きが激しくて つらいです

保護者から

　きらの夜泣きが激しくて、つらいです。最近は朝2時頃に泣きます。長いときだと1時間は泣いています。夜泣き対策をネットで調べて、部屋を暗くしたり、夕食を多めにしたりしたのですが、どれもうまくいきません。

文章からわかる保護者の気持ち

　子どもの夜泣きで、体力的にも気力的にも追い込まれていることが読み取れます。どうしてよいかもわからず、余計に苦しんでいることがわかります。

心をつかむ！対応のポイント

まず、状況を正確に把握するようにしましょう。「成長の過程です」、「そのうちおさまります」、「背中をトントンしてください」というような、**一般論や思いついたことを書くのではなく、保護者と話し合うことが重要**です。特に、すでに様々な方法を試している保護者に対して、さらにあれもこれもやりましょうというのは逆効果なのです。園や家庭の様子、子どもの性格などを総合的に考えて、対応していくことが必要です。もちろん、**園で取り組んでいることで、成功していることがあれば伝えるようにしましょう**。

連絡帳の文例

　きらちゃんの様子を教えてくださり、ありがとうございます。夜泣きの原因は様々です。園での様子とご自宅での様子を総合的に考えて、私たちでできることをしていきたいと思います。今日のお迎えの際に、お話ししたいのですが、いかがでしょうか。

　PS　お仕事もある中での睡眠不足は、本当にしんどいことだと思います。私たちも全力でお母様をサポートしますので、どうぞ安心してくださいね。

 ポイント①

夜泣きの原因を正しく把握しないと、適切な対応になりません。何となく思いついた対応を書く前に、きちんと保護者と話し合うようにしましょう。

ポイント②

保護者が追い込まれているときは、こうした激励の言葉や応援する姿勢をみせてください。保護者が孤独や孤立を感じないようにするのです。

✕ **こんな文章は NG！**

「夜泣きは成長とともに減ってきます」、「園では問題ありません」

子どもの夜泣きは保護者の体力や気力を奪うこともあります。保護者と一緒に取り組む姿勢を示すことが重要です。

先輩からのアドバイス

体力的にも気力的にも、保護者が追い詰められているときは、連絡帳ではなく対面で話すようにしましょう。

ミルクを飲む量が少なく心配です

保護者から

　昨日のお迎えの後、ミルクを与えたのですが、ほとんど飲みませんでした。実は、ここ数日、ずっとこんな感じです。体調は悪くなさそうですが、あまりに飲まないので、栄養がとれているか心配です。連絡帳を見ると、園では飲んでいるようですが、私の与え方が悪いのでしょうか。

文章からわかる保護者の気持ち

　園ではきちんと飲んでいるのに自宅では飲まないと、保護者は子育ての自信をなくします。また、子どもの栄養不足も心配していることがわかります。

心をつかむ！対応のポイント

　ミルクに限らず、子どもが少食かどうかの判断は簡単ではありません。園と家庭での食事量や食べるタイミング、体調や空腹感のように、様々な要因が影響を及ぼすからです。そこで、2つに分けて対応するとよいでしょう。まず、保護者は、子どもが少食のため栄養が足りているか心配しているので、園での食事の様子や成長曲線からわかることを伝えて安心してもらいます。次に、園と家庭の実態を把握してから対応を考えるようにしましょう。園でおやつをたくさん食べれば、自宅での夕食はあまり食べないこともあります。

連絡帳の文例

　ご自宅でのしのちゃんの様子を教えていただき、ありがとうございます。まず、しのちゃんの体重や身長を成長曲線にあてはめると、順調に育っていますので安心してください。また、ご自宅では少量とのことですが、ここ数日はお母様がお迎えにくる少し前にミルクを飲んでいます。おなかいっぱいのため、ご自宅ではあまり飲まないのかもしれません。ただ、もう少しご自宅での様子を伺いたいので、今日のお迎えの際に、お話ししてもよいでしょうか。
PS　まもなく次の健診ですので、ここでもご相談できます。

 ポイント①

ミルクを飲む量が少ないことを気にする背景には、子どもが病気や栄養不足になっていないかという心配があります。まずは、この点に返事をすることが重要です。

 ポイント②

保護者は自分の与え方が悪いかもしれないと思っています。そうではないことを、園での様子を踏まえて伝えると、保護者が安心しやすくなります。

✕ こんな文章は NG！

「飲む量には個人差があるから気にしないでください」、「そのうちもっと飲むようになります」

確かにその通りですが、保護者が知りたいことは、今どうしたらよいかです。

先輩からのアドバイス

「（満腹で）飲めない」、「（今は）飲みたくない」という可能性も考えるようにしましょう。

激しく泣いて暴れます

保護者から

　みさきは気に入らないことがあると、狂ったように泣きます。昨日は、台所に置いてあったネギで遊び始めたので取り上げたら、床で転げ回って、2時間も泣きました。様子をみていた夫も、どこかおかしいと言っています。義母も、普通ではないかもと心配しています。園の他の子はどうですか？

文章からわかる保護者の気持ち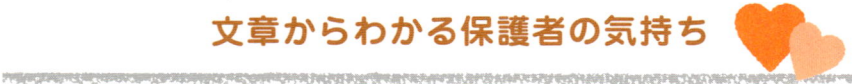

　保護者は自分の子どもの様子しかわからないことが多いです。だから、子どもの言動に対して周囲から否定的なことを言われると、とても不安を感じます。なぜ保護者が不安になっているのかをていねいに読み取りましょう。

心をつかむ！対応のポイント

なぜその子がそうしたのかを、子どもの気持ちを踏まえて説明しましょう。ここでは、みさきちゃんなりの必要性があってネギをもっていたのですが、それを取り上げられたことに怒っています。言葉で上手に言えないからこそ、激しく暴れたのでしょう。また、そのうえで、どうしたらよかったかを伝えましょう。このとき、保護者の対応を否定するのではなく、「園では」、「〜をしてみるのはどうか」というような言い方で伝えましょう。

連絡帳の文例

　心配するお気持ちは、よく理解できます。一般的に、１歳や２歳の子どもは気持ちを言葉で上手に伝えられないことが多いです。みさきちゃんは遊びの中でネギを使いたかったのでしょうね。園では、みさきちゃんが私のメモ帳を持って行ってしまったとき、「使い終わったら貸してね」、「こっちのノートと交換しようか」のような言葉をかけて、しばらく様子をみることがあります。そうすると、みさきちゃんも納得してくれます。ネギに気がついたように、みさきちゃんは観察力が鋭く、色々なことを発見します。一歩一歩確実に成長していますので安心してくださいね。

 ポイント①

園ではどのように対応しているかを具体的に伝えることで、保護者が子育てする際の参考になります。

ポイント②

「異常な子ではありません」と言うのではなく、その子のよさや成長の様子をあわせて伝えることで、保護者も安心します。

 こんな文章はNG！

「小児科医に相談してみてはいかがですか」、「他の子にはみられないです」

その子が異常であると捉えられるような言い方は避けましょう。

先輩からのアドバイス

保護者が自分の子どもと他の子どもを比べるような質問をしても、安易に回答しないようにしましょう。

断乳のタイミングを教えてください

保護者から

　寝かしつけの際に授乳していますが、そろそろ終わりにした方がよいでしょうか。育児書には、授乳期間が長いと甘え癖がつくとありましたし、正直私も負担なので、そろそろ断乳したいと考えていますが、ゆきな先生はどう思いますか？

文章からわかる保護者の気持ち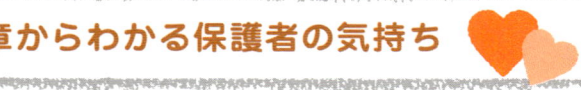

　仕事を抱える保護者にとって、毎日の授乳は負担が大きいものです。また、育児書に書かれたことも気になっており、断乳の時期について悩んでいることがわかります。

心をつかむ！対応のポイント

断乳の時期や方法については、その子の性格や育ちの状態、家庭環境を総合的に考える必要があります。このような複数の要因が関係しているときは、一般的な方法を提案することは避けましょう。いきなり、授乳からミルクに変えましょうと提案しても、夜中に子どもがミルクを嫌がり抵抗したら、保護者の負担感はいっそう増します。そこで、**まず、対面で保護者と話し合う方がよいでしょう。**そのうえで、連絡帳を通して、園と家庭の様子を伝え合い、経過をみていくとよいでしょう。

連絡帳の文例

　ご相談、ありがとうございます。おとはちゃんにとって、授乳は栄養を摂取するためだけではなく、お母様からの愛情を感じるためのものでもあります。園では、おとはちゃんは離乳食を残さず食べていますので、栄養の観点からは問題なさそうです。ですが、園から自宅に戻り、授乳によってお母様の愛情を感じているとなると、断乳のタイミングや方法に工夫が必要かもしれません。おとはちゃんとお母様にとってよい方法を相談させてください。明日のお迎えの後、お時間いただけますか。

 ポイント①

子どもの立場から、子どもにとって授乳がどのような意味をもつかを伝えましょう。保育者の役割は、子どもの気持ちを代弁することです。

☝ ポイント②

ミルクにする、抱っこの時間を長くする、のように思いついたことを羅列するのではなく、何を、どうやって行うかをしっかり話し合うことが重要です。

✕ こんな文章は NG！

「子どもに任せましょう」、「断乳のタイミングは様々です」

何も考えていないと受け止められます。保護者が知りたいことは、保育者としてどのように考えているかです。

先輩からのアドバイス

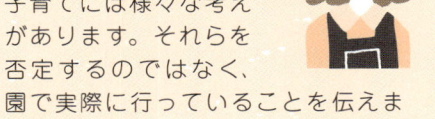

子育てには様々な考えがあります。それらを否定するのではなく、園で実際に行っていることを伝えましょう。

対象年齢：2〜5歳

子どもの生活

一人遊びばかりで大丈夫？

保護者から

昨日、近くの公園に行きました。たくさんの子どもがいたのですが、さとしは一人で砂遊びをしていました。他の子はみんなで遊んでいたのに、さとしだけ一人で遊んでいました。自宅ではいつもこんな感じですが、園でも一人で遊んでいるでしょうか？

文章からわかる保護者の気持ち

一人で遊んでいることを否定的に捉えていることがわかります。うちの子は社交性がないのでは、集団生活が苦手なのではなど、保護者は様々な心配をしていることを読み取りましょう。

心をつかむ！対応のポイント

子どもの育ちの過程では、すぐそばに友だちがいても、一人で遊びたい時期もあります。それは、自分が好きなこと、やりたいことがわかってくるからです。一人遊びのもつ肯定的な面を伝えるようにしましょう。また、保護者は自分の子どもが社交的かどうか、集団生活ができているかを心配しています。ですから、園での活動を振り返り、その子がリーダーシップを発揮した場面や友だちに対して思いやりや配慮ができた場面を伝えるとよいでしょう。

連絡帳の文例

　ご質問ありがとうございます。園では、さとし君は一人で遊ぶとき
もあれば、友だちと遊ぶときもあります。さとし君なりに、遊ぶ内容
によって遊び方を変えているのだと思います。たとえば、絵本や図鑑
を読むときは集中して読むために、一人で読んでいます。特に、今は
動物に夢中ですので、一人で色々と考えながら読んでいるようです。
午後はお絵かきをしたのですが、できなくて泣いている子のそばに
いって、頭をなでてくれました。思いやりのある行動に、私も友だち
もとても嬉しい気持ちになりました。

 ポイント①

一人遊びの肯定的な面を書くようにしま
しょう。発達の観点から一人遊びの意義
を抽象的に書くのではなく、園での具体
的な様子を踏まえて書くとよいでしょう。

 ポイント②

うちの子は他者と上手に付き合えな
いのでは？と保護者は心配している
ことから、それを和らげるような子
どもの姿を伝えましょう。

✕ こんな文章は NG！

**「一人でいることが平気なよう
です」、「独自の世界をもって
います」**

子どもの性格や様子を否定的に捉えて
いると、保護者が感じる言い方です。

先輩からのアドバイス

具体的にどのようなと
きに一人でいることを
好むかを伝えることで、
保護者は安心します。

対象年齢：3〜5歳

子どもの生活

言葉より先に手が出てしまいます

保護者から

　最近、自宅で遊んでいるとき、思い通りにならないことがあると、物を投げたり、私を叩いたりします。ひどいときは、噛んだりします。親として、きつく言い聞かせていますが、そうすると泣き出してしまい、本当に理解しているかわかりません。4歳にもなって、こんな状態で大丈夫でしょうか。

文章からわかる保護者の気持ち

　子どもの暴力的な行動を直したい、言葉できちんと伝えるようになってほしいという、保護者の気持ちが伝わってきます。

心をつかむ！対応のポイント

子どもは、言葉で上手に気持ちを表現できないときに、叩いたり、噛んだり、泣いたりします。子どもの気持ちに寄り添い、子どもの年齢によっては話を聞き、そのうえで、叩くことはいけないことを伝えます。**保護者に伝える際は、子どもの立場に立って、その子なりの気持ちや理由があることを伝えましょう。**

連絡帳の文例

　ご心配するお気持ち、とてもよくわかります。4歳児は、言葉を上手に使って自分の気持ちを伝えることができないことも多いです。きょうこちゃんも、「ここがうまくいかないから悩んでいる」というように、伝えたいことがあったのでしょうが、うまく言えなかったのではないでしょうか。もし園でも同じ行為がみられたら、なぜ叩くことがいけないか、どうしたらよいかを本人に考えてもらい、私に教えてくれるように提案したいと思います。きょうこちゃんが言葉を使って気持ちを説明していく経験を積めるように、園でも支えていきます。

 ポイント①

一般論や正論ばかり言うのではなく、その子の気持ちに思いを巡らせて、代弁することが重要です。

 ポイント②

実際は園で同じような行為があったとしても、そのまま伝えることがよいとは限りません。「もし〜なら」という間接的な言い方を使うのがコツです。

 こんな文章は NG！

「人を叩くことは暴力です」、「親子関係に問題はないですか」

子どもが育っていく過程を無視したり、保護者に責任があるような言い方です。

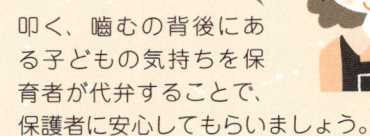 **先輩からのアドバイス**

叩く、噛むの背後にある子どもの気持ちを保育者が代弁することで、保護者に安心してもらいましょう。

Case 09

対象年齢：2〜5歳
子どもの生活

控えめな性格で友だちができるか心配です

保護者から

　姉のあやかと比べると、あいりは口数も少ないし、行動も遅いし、何をするにも控えめで、これからがとても心配です。あやかにおかずやおもちゃをとられてしまっても、何も言い返さないんです！そのたびに、いやなことはいやだと言いなさいと、何度も言っていますが変わりません。このままでは友だちができるか心配です。

文章からわかる保護者の気持ち

　園で友だちがいるかなど、性格が控えめであることによるマイナス点を気にしていることがわかります。また、子どもの性格はこれからも変わらない、どのようなときも同じという考えであることも読み取れます。

心をつかむ！対応のポイント

子どもの性格は固定的なものではありません。成長するにつれて変わっていきます。また、控えめな性格でも常にそうであるとは限りません。好きなことや得意なことをするときは、積極的であることも多いのです。保護者は子どもの性格を固定的に捉え、しかもマイナス点ばかり気にしがちです。だからこそ、園での子どもの様子を踏まえて、その子のよさや輝いている姿を具体的に伝えるようにしましょう。

連絡帳の文例

　自宅でのあいりちゃんの様子を教えてくださり、ありがとうございます。園では、あいりちゃんが大好きなお絵かきをするときは、「赤色がほしい」、「クレヨンも貸して」と自分から私に伝えてくれます。友だちとおままごとをする際も、スプーンやコップが足りなくならないように気を配っています。あいりちゃんは、自分の気持ちややりたいことがはっきりしているときは、きちんと伝えてくれると思います。ご自宅でも、あいりちゃんが好きなことや得意なことをしているときの様子をみてくださると助かります。

 ポイント①

控えめな性格は、気遣いができる、慎重さがあるともいえます。保護者がマイナスに捉えていることを肯定的に捉え直して伝えるとよいでしょう。

ポイント②

その子のよいところや輝く姿に目を向けるように伝えています。園での様子をあわせて伝えることで、具体的にどこをみたらよいかが伝わります。

 こんな文章は NG！

「性格は生まれつきのものなので仕方がないです」、「他にもそういう子はいます」

その子のよさをみて、伸ばそうという意志が感じられない言い方です。

先輩からのアドバイス

保護者が子どものよいところや輝く姿を見つけられるようなきっかけを作ることがコツです。

何をしても
すぐに飽きます

保護者から

　子どもは遊びに夢中になると聞きますが、しおりは何をしてもすぐに飽きてしまって、夢中になっていない気がします。自宅で絵本を読み聞かせても、途中で違う遊びをしたがります。集中力がないのでしょうか。

文章からわかる保護者の気持ち

　集中力がないと、小学校以降で学習する際も困ると考える保護者も少なくありません。また、子どもが遊んでいる内容ではなく、時間に着目して判断していることもわかります。

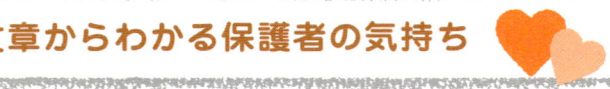

心をつかむ！対応のポイント

大人は、子どもが集中しているかどうかを判断する際、長時間続けているか、と、同じ遊びをしているかの2つを重視しがちです。しかし、**子どもにとっては、短時間でも自分が満足したり納得したりして、次の遊びに向かうことがあります。**遊んでいる時間は短くても、遊びの内容の密度が濃い場合もあります。また、積み木と縄跳びのように、表面的には違う遊びでも、**子どもの中ではつながって（続いて）いることがあります。**このように、子どもの立場や気持ちを踏まえて保護者に返事をするようにしましょう。

連絡帳の文例

　ご相談、ありがとうございます。園では、一つの遊びの時間が短くても、しおりちゃんの中で遊びと遊びがつながっていることがよくあります。たとえば、昨日は『にんじん』という絵本を途中まで読んで、積み木遊びを始めました。よく見てみると、積み木を食材に見立てて、料理ごっこをしていました。その中に、にんじんがありました。絵本を読んでいるときに、これを使って料理を作ろう！と思って、積み木遊びに向かったのではないでしょうか。遊びが変わっても、しおりちゃんの中ではつながっていることもあるので、ご自宅での様子も観察してくださると助かります。

ポイント①

一般的な話を羅列するのではなく、その子の園での具体的な姿とあわせて伝えることで、保護者が納得しやすくなります。

ポイント②

単に「自宅でも様子をみてください」と言うのではなく、子どもの気持ちも添えて書くとよいでしょう。

✕ こんな文章は NG！

「子どもは集中力がないものです」、「そのうち集中するようになります」

保育者としての対応がみえないため、保護者はいっそう不安になります。

先輩からのアドバイス

遊んでいる時間だけではなく、遊びの内容や遊び方にも、保護者が目を向けるように伝えましょう。

対象年齢：4〜5歳

子どもの生活

おねしょが治りません

保護者から

姉のさきが4歳のときは夜おねしょをしないようになっていたのですが、はるとは頻繁におねしょをします。卒園までにはしないようになってほしいのですが、男の子は成長が遅いからでしょうか？それとも何かの病気でしょうか？

文章からわかる保護者の気持ち

　子どもがおねしょをすると、片付けなど保護者の負担が増えることから、困っている様子がわかります。また、子どもの成長が遅いのではないかと心配していることもわかります。

心をつかむ！対応のポイント

基本的には、おねしょは成長とともに消えていきます。ですが、子どもがおねしょをすることで保護者は負担や心配を感じているので、**まずは自宅で保護者が取り組んでいることをしっかりと聞いてから、その子の性格や育ちを踏まえた助言をするようにしましょう。**その際、男の子だから遅い、寂しさを感じている、膀胱の発達が遅い、など、保護者が不安を感じるような言い方は避けましょう。

連絡帳の文例

　ご自宅での様子を知らせていただき、ありがとうございます。はると君は、園ではみんなのリーダー的な存在です。お昼寝の準備も自分からやってくれます。園でお昼寝する際は、おねしょはみられません。お昼寝の前にとる水分量を調整しているからかもしれません。ですが、園長や主任にも話を聞いて、ご自宅でどのようにすることがはると君に最もよいかを考えたいと思います。明日のお迎えの際に、ご相談できますか。ご検討よろしくお願いいたします。

STEP
4
実例でわかる！難しい質問・要望への応え方

子どもの生活

ポイント①
保護者の不安が強い際は、最初にその子ががんばっている姿や成長の軌跡を書くとよいでしょう。

ポイント②
連絡帳ですべてを解決する必要はありません。保護者は、子どもが病気かもしれないと思っているのですから、対面で話す方がよいでしょう。

✕ こんな文章は NG！

「悩みを抱えているのかもしれません」、「生活習慣に問題があると思います」

根拠がない言い方であり、保護者がいっそう不安になります。

先輩からのアドバイス

おねしょ対策として思いつくことをたくさん羅列するより、まずは対面で保護者の話を聞いてみましょう。

夜ふかしが直らず困っています

　いつも20時には寝かそうとしていますが、最近なかなか寝ないことが多いです。部屋を暗くしているのですが、ぬいぐるみを触ったり私に話しかけたりして、寝ません。昨日は22時に寝ました。もっときつく言い聞かせた方がよいでしょうか。

文章からわかる保護者の気持ち

　子どもの生活リズムを整えたいという保護者の気持ちが伝わってきます。一方で、どうしたらよいかという子育ての悩みも伝わってきます。

心をつかむ！対応のポイント

保護者なりの努力を認めることから始めましょう。そのうえで、保育の専門家として助言するようにします。ここでは、「きつく言い聞かせる」という保護者からの提案があります。**保育者から見て好ましくない対応と判断した場合は、直接的な言い方で否定したり批判したりしないで、代案を提示するようにしましょう。**その際、園での子どもの様子や園での対応方法をあわせて伝えるとよいでしょう。そうすることで、一般論ではなく、その子に即した対応方法を教えてくれたと保護者は感じるからです。

連絡帳の文例

　ご家庭での様子を教えてくださり、ありがとうございます。寝る前に部屋を暗くすることは、しおりちゃんが眠りやすくするためにとてもよいことだと思います。園では、部屋を暗くして、添い寝するようにしています。その際、小声で歌を歌うようにしています。それでも寝つけないこともありますが、そのときは背中や頭をなでると、だんだん落ち着いてきて、入眠します。こうしたやり方も試していただいて、その後の様子を教えてくださいますとありがたいです。

 ポイント①

「きつく言い聞かせる」という保護者の提案を真っ向から否定するのではなく、園での子どもの様子を示しつつ代案を提示します。保護者も納得しやすくなります。

ポイント②

「その後の様子を教えてほしい」ということで、保護者と一緒になって問題を解決しようという姿勢を示すことができます。

✕ こんな文章は NG！

「なかなか眠れないことは誰にでもあります」、「脳が興奮しているからです」

こうした一般論では、保護者の悩みは解決しません。

先輩からのアドバイス

子どもの生活リズムの問題は複雑です。一緒に様々な方法を試しましょうという姿勢を示すことが重要です。

汚い言葉を使いたがります

保護者から

　最近、「おまえ」、「ばか」、「うるせー」など、汚い言葉を使うようになってきていますが、大丈夫でしょうか。まいが口にするたびに、叱るようにしていますが、叱っても叱っても、何度でも言います。

文章からわかる保護者の気持ち

　子どもの言葉遣いは、保護者がとても気にすることです。「大丈夫でしょうか」には、園ではきちんと対応しているかという保護者の心配や不信感が込められています。

心をつかむ！対応のポイント

　2歳頃になると、大人や友だちを通じて、子どもはたくさんの言葉を覚えて、使うようになります。その中でも、汚い言葉は子どもにとっては「魅力的な言葉」です。なぜなら、大人がすぐに反応しますし、友だちとその言葉を使うことで仲間意識をもてるからです。実際は、汚い言葉の意味はわかっていませんし、成長するにつれて消えていくでしょう。ですが、「様子をみましょう」では保護者は納得しません。保育者としてどのような対応をするかを保護者に示すことが重要です。

連絡帳の文例

　ご心配するお気持ち、よくわかります。園では、汚い言葉を使ったときには、本人が伝えたかった気持ちを確認してから、汚い言葉は言ってはいけないこと、なぜいけないかを私から伝えています。まいちゃんは言葉を覚えることが得意だから、毎日たくさんの言葉を覚えて使ってくれます。まいちゃんが成長する過程では、一時的に汚い言葉を使うことは避けられないことですが、いけないことはいけないと伝えるようにしています。まいちゃんがきちんとした言葉遣いができるようにこれからも対応していきますので、ご自宅での様子をまた教えてください。

 ポイント①

子どもの言葉遣いが悪いときは、保護者は園の環境を気にしています。園での具体的な対応を説明しましょう。

ポイント②

よくない言葉遣いであっても、言葉を確実に覚えている証です。子どもの成長を肯定的に捉えた内容も含めることで、保護者が安心します。

 こんな文章は NG！

「周りの大人が使っているからではないでしょうか」、「テレビの見過ぎです」

家庭環境や子育てに問題があるように捉えられる言い方です。

先輩からのアドバイス

園での具体的な対応を示すことで、保護者のやり方を否定しないで、よりよい方法を伝えることができます。

対象年齢：3〜5歳
子どもの生活

新しいクラスに
なじめず心配です

保護者から

新しいクラスになってから1週間たちますが、帰宅後に元気がない
ことが続いています。あゆみは自分から積極的に話しかけるタイプで
はないので、新しいクラスでの友だち関係に困っていないか心配です。

文章からわかる保護者の気持ち

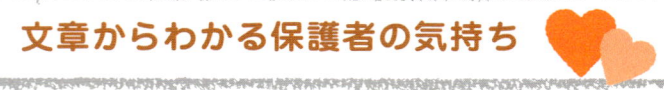

子どもの性格が積極的ではないことから、新しいクラスで友だちができている
かと心配していることがわかります。園内での様子と、保育者としての子どもへ
の関わりが返事として期待されています。

心をつかむ！対応のポイント

実際は、ある程度の時間がたつと、多くの子どもが新しいクラスに慣れてきます。
子どもたちの関係に保育者が介入しない方がよいこともあります。ですが、心配し
ている保護者に対しては、**こうした正論をそのまま伝えるのではなく、その子の性
格や様子に即して返事をするようにしましょう。**その子の前年の同時期の様子がわ
かっていれば、そのときの様子もあわせて伝えると説得力が増します。

連絡帳の文例

　ご相談、ありがとうございます。園では、あゆみちゃんは新しい友だちと仲良く遊んでいます。今日は、あゆみちゃんは友だちと隣同士に座り、私が集めてきたどんぐりや木の枝を使って製作をしました。大人でも同様ですが、仲良くなったばかりの相手には色々と気を使って疲れることもあります。だから、帰宅すると安心して、疲れが出てしまうのかもしれません。あゆみちゃんも、これから時間をかけて、この新しい友だちともっと仲良くなっていくと思います。園でも、しっかり様子をみていきますので、ご自宅での様子を引き続き教えてください。

ポイント①

園内の様子を具体的に説明することで、保護者の心配が和らぎます。大丈夫、と言うのではなく、具体的に説明することが、保護者の信頼と安心につながります。

ポイント②

元気がない原因はこれに違いない、という断定的な言い方は避けましょう。園の様子から考えられることを、一つの可能性として提示するようにしましょう。

 こんな文章は NG！

「園ではまったく問題ありません」、「他に原因があるかもしれません」

このような言い方は、保護者や家庭に問題があると言っているのと同じです。

先輩からのアドバイス

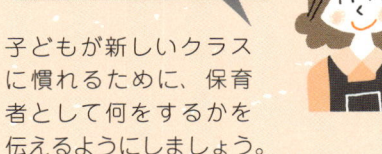

子どもが新しいクラスに慣れるために、保育者として何をするかを伝えるようにしましょう。

対象年齢：1〜5歳
子どもの生活

登園を嫌がります

保護者から

　今日も預ける際に、あすかが大泣きして申し訳ありませんでした。あまりに大きな声で泣くので、他の親にも迷惑をおかけしました。朝は出勤のため急いでいるので、あすかにもその気持ちが伝わっているのかもしれません。あんなに大泣きすると、園での生活も心配です。本当に申し訳ございません。

▼

文章からわかる保護者の気持ち

　多くの人に迷惑をかけて申し訳ないという気持ちや、園での子どもの様子を心配する気持ちが読み取れます。保護者の気持ちに寄り添った、具体的な対応を返事することが求められています。

心をつかむ！対応のポイント

保護者から離れることで子どもが不安を感じたり泣いたりすることは当然のことです。特に、**低年齢は母子の関係が強いため、離れることで強い不安を感じます**。もちろん、子どもの成長や園での生活への慣れにともなって、こうした様子はなくなっていくでしょう。ですが、保護者に伝える際は、**保育者として、いまその子に対して何をすべきか、何ができるかを伝えましょう**。保護者が知りたいことは、自分の子どもがどう扱われるかなのです。

連絡帳の文例

　あすかちゃんの涙を見ると、お母様もとてもつらいですよね。園で
は、あすかちゃんをお預りした後、しばらく私が抱っこして話しかけ
たり、歌を歌ったりしています。あすかちゃんは落ち着いてくると、
自分から友だちの方を指して、遊びたいと教えてくれます。落ち着く
までの時間も徐々に短くなっています。あすかちゃんが、自宅から園
へと自然と気持ちを切り替えることができるようにサポートしていき
ますので、自宅で気になる様子がありましたらいつでもお知らせくだ
さい。

えほん

 ポイント①

このように、子どもが確実に育ってき
ていることを伝えるようにしましょう。
子どもの育ちがわかると、保護者は安
心します。

ポイント②

子どもが保護者から離れたがらない理
由は様々です。自宅での様子を知るこ
とで、より適切な対応ができるように
なります。

✕ こんな文章は NG！

**「親と離れると子どもは泣くも
のです」、「お母さんからもよ
く言い聞かせてください」**

保護者を突き放すような言い方です。
とても冷たい対応だと受け止められま
す。

 先輩からのアドバイス

成長にともなって消え
ていくことでも、今の
その子にどう対応する
かを伝えることが、保護者支援なのです。

対象年齢：1〜5歳
子どもの生活

園から帰りたがりません

保護者から

　いつも迎えに行くと、帰りたがりません。りなにとって、自宅の環境や私の接し方がよくないからでしょうか。

文章からわかる保護者の気持ち ♥♥

　子どもが園から帰りたがらないのは、保護者や家庭に問題があるからと考えていることがわかります。

心をつかむ！対応のポイント

子どもが園から帰りたがらない理由は様々です。友だちともっと遊びたい、遊びの区切りがまだつかない、疲れているから動きたくない、など。**保護者や自宅が嫌だというわけではないことを伝え、保育者としてどのように対応するかを伝えましょう**。その際、園での子どもの様子に即した言い方をすると、保護者も納得しやすくなります。

連絡帳の文例

　ご質問、ありがとうございます。お母さんや自宅が嫌だというのではなく、遊びに夢中になっているからではないでしょうか。園でも、りなちゃんが遊びに夢中のときは、「ここまでやったら終わりね。終わったら、先生に教えてくれるかな」という対応をしています。こうして、りなちゃんが自分で遊びに区切りをつけて、気持ちを切り替えることができるようにしています。お迎えの際も、あと1回だけね、とか、ここまでで終わりね、という伝え方をしてみてはいかがでしょうか。

ポイント①

保護者が自分を責めないようにすることが重要です。「お迎えに来てくれた安心感から、いっそう遊びに気持ちが向かってしまう」でもよいでしょう。

ポイント②

その子の性格やこれからの育ちを考えて提案していることが伝わります。保護者が知りたいことは、自分の子どもに適した対応方法です。

 こんな文章は NG！

「園の方が楽しいからかもしれません」、「自宅でも楽しい経験をさせてください」

家庭の環境や保護者の子育てを否定するような言い方です。

先輩からのアドバイス

子どもが遊びに夢中になっている場合は、声をかけるタイミングが重要になります。

対象年齢：2～5歳

子どもの生活

園の様子を話してくれません

保護者から

かりんは園での様子を話してくれないのですが、何か言いたくないことでもあるのでしょうか。もともと口数が多い子ではないのですが、園での生活を楽しめているでしょうか。

文章からわかる保護者の気持ち

　子どもが園での様子を語らないことで、園で嫌なことがあるのか、園生活が楽しくないのかと心配になっていることが読み取れます。また、親子の会話を楽しむためにどうしたらよいかという返事も求められています。

心をつかむ！対応のポイント

まず、**園での様子をていねいに伝えて、保護者の心配を解消すること**が重要です。そのうえで、家庭での親子の会話につながるような方法を伝えるとよいでしょう。その際、「男の子は戦隊ものが好きだから」というような一般的なことを伝えるのではなく、**その子が今興味や関心をもっていることや、園で夢中になっていることを踏まえた方法を伝えましょう。**その子のことを真剣に考えてくれていると保護者は感じます。

連絡帳の文例

　かりんちゃんが園での様子を話さないと、お母さまは心配になってしまいますよね。園では、お友だちとお店屋さんごっこをしたり、自分から友だちを誘って縄跳びを始めたりして楽しんでいますので、安心してください。かりんちゃんは今、縄跳びに夢中です。たくさん跳べるようになって、友だちからもすごい！と言われて自信をもっています。また、最近は絵本だけではなく、紙芝居にも夢中です。今日も『こぶたのけんか』を楽しみました。こうした話題を中心に、かりんちゃんに話しかけてみてはどうでしょうか。

ポイント①

保護者は子どもが園生活を楽しめているか不安に思っているため、具体的な子どもの姿を伝えるようにしましょう。

ポイント②

このように具体的に伝えることで、保護者が会話のきっかけを作りやすくなります。

 こんな文章は NG！

「言いたくないときもあります」、「質問の仕方を工夫してください」

親子の会話をしたいという保護者の気持ちを傷つけるだけです。

先輩からのアドバイス

子どもに話しかけるタイミングに関する助言も役立ちます。

対象年齢：2〜5歳

子どもの生活

「やって！」と 駄々をこねます

保護者から

　最近、服を着たり、おもちゃを片付けたりするのも、私にやってと言います。今日は登園前、靴下をはかせて！と駄々っ子になり、自分のことは自分でやって！と叱ると、泣き出しました。自分のことは自分でやる習慣を身につけてほしいのですが、どうしたらよいでしょうか。

文章からわかる保護者の気持ち

　自分のことは自分でやる習慣を子どもに身につけてほしいものの、うまくいかないという保護者の悩みが読み取れます。具体的な助言を返事することが期待されています。

心をつかむ！対応のポイント

自分でできることをやってという場合、子どもはかまってほしいという気持ちをもっていることが多いです。**園では自分一人でやることも、自宅ではお母さんにやってと言うことがあります**。親に甘えたいという子どもの気持ちと、自分のことは自分でやってほしいという保護者の気持ちの両方を考慮した返事を書くようにしましょう。

連絡帳の文例

　ご家庭での様子を知らせてくださり、ありがとうございます。ご出勤前の忙しい時間にやってと言われると困ってしまいますよね。きっと、ゆうかちゃんは、お母さんに甘えたいのだと思います。園では友だちもいるので自分でがんばっています。だからこそ、自宅ではお母さんに甘えて、かまってほしいと思うのではないでしょうか。そこで、お母さんも靴下をはくから一緒にはこう、とか、どちらが先にはけるか競争しよう、のように、お母さんも一緒にやってみるようにしてはいかがでしょうか。

 ポイント①

「叱る」という保護者の対応が好ましくないことを間接的に伝えるコツは、子どもの立場に立って気持ちを代弁することです。

ポイント②

自立してほしいという保護者の気持ちと、甘えたいという子どもの気持ちの両方を考慮した対応方法を提案するようにしましょう。

✕ こんな文章は NG！

「園では自分でやっています」、「しつけの仕方を変えてみませんか」

こうした言い方は、保護者のやり方に問題があると言っているようなものです。

先輩からのアドバイス

体調が悪いなど、子どもが保護者の愛情を特に必要としているときは、やってあげることも必要です。

Case
19

対象年齢：3～5歳

子どもの生活

虫を殺すことに罪悪感がないようで心配です

保護者から

最近、ななみは虫をつぶしたり、ちぎったりすることが多いです。日曜日は、公園で見つけたダンゴムシを石で叩いていました。2歳とはいえ、あまりに残酷すぎました。園でも友だちを叩いたりしていないでしょうか。何度叱っても繰り返すので、性格の問題かもしれないと不安になっています。

文章からわかる保護者の気持ち

虫を殺してしまう姿から、子どもが攻撃的な性格ではないか、園でも人を傷つけていないか不安に思う気持ちが読み取れます。また、今後どうやって子どもに対応したらよいかも悩んでいる様子がわかります。

心をつかむ！対応のポイント

まずは、保護者の不安な気持ちを受け止めましょう。そのうえで、「虫を殺す＝残酷」という大人の考えと、子どもの考えは違うことを、その子の性格や園での様子に即して返事を書くようにしましょう。また、保護者は「何度も叱る」という対応をしていますが、「それはよくない」というような否定的な言い方を避けて、その代わりとなる具体的な助言をするようにしましょう。

連絡帳の文例

　お悩みの件、承知いたしました。園では友だちを叩いたりしていません。それどころか、友だちの中でもリーダー的な存在で、みんなの人気者です。ななみちゃんは昆虫や植物の絵本や図鑑が好きです。だから、実物を見ると興味がいっそう高まるのだと思います。ダンゴムシを石で叩いていたのは、ダンゴムシにご飯をあげていたのかもしれません。来週、動物たちの生活という映像をみんなで見て、何を食べて、どこに暮らしているかを知り、命の大切さや循環について学びます。少しずつ、ななみちゃんも虫の扱い方がわかってくると思います。

 ポイント①

保護者の意見を否定してはいけません。その際のコツは、保育者を主語にするのではなく、このように子どもを主語にして、子どもの立場から返事を書くことです。

 ポイント②

園での具体的な対応を書くようにしましょう。その際は、保育者が教える、ではなく、子どもが自発的に学ぶために何をするかを伝えるようにしましょう。

✕ こんな文章は NG！

「成長すれば殺さなくなります」、「子どもにはよくあることです」

子ども全般の話ではなく、その子への具体的な対応が求められています。

先輩からのアドバイス

どう扱えば虫が死なないですむかを、子どもと一緒に考えるという提案もよいでしょう。

対象年齢：3〜5歳

子どもの生活

スマホのゲームを止めてくれません

保護者から

　自宅に戻ると、スマホのゲームに夢中になっています。最初は夕食を作っている間に静かにしてもらうために始めたのですが、今では食後も夢中です。取り上げると、大泣きします。どうしたらよいでしょう？

文章からわかる保護者の気持ち

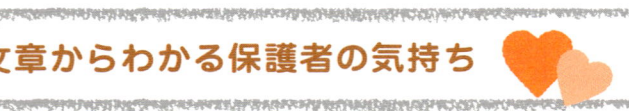

　子どものお迎えの後、自宅で夕食を作る保護者の大変さが伝わってきます。やむにやまれぬ状態から始めたことや、今は後悔しているという保護者の気持ちが読み取れます。

心をつかむ！対応のポイント

まずは、保護者なりの子育ての工夫や子どもに対する気持ちを肯定することが重要です。どの保護者でも、仕事、子育て、家事をすべて完璧にこなすことは難しいものです。そのうえで、**保育の専門家として、よりよい子育てにつながるような提案をするようにしましょう**。その際は、**園での子どもの様子を踏まえた提案をするとよいでしょう**。子育てのあるべき姿や理想的な母親像のような、一般論や正論を伝えることは、保護者の気持ちを傷つけ、子育てに対する自信を失わせるだけです。

連絡帳の文例

　ご自宅での様子を教えてくださり、ありがとうございます。スマホのゲームは園では体験できない経験ができることもあり、あいりちゃんが夢中になる気持ちはわかります。ですが、ゲームばかりでも、困りますよね。園では、あいりちゃんはレゴブロックで色々なものを作ることに夢中です。ご自宅にレゴブロックはありますか。また、あいりちゃんは、クイズも好きですから、なぞなぞやクイズが掲載された本を用意してみてはいかがでしょうか。

 ポイント①

保護者の取り組みを肯定する際は、その取り組みの中の具体的にどこがよいか、なぜよいかを指摘するとよいでしょう。

ポイント②

園で夢中になっていることや、子どもの興味や関心を伝えることで、保護者が参考にしたり工夫したりしやすくなります。

 こんな文章は NG ！

「保護者として失格です」、「もっと工夫してください」

今の状態は好ましくないと感じているからこそ、質問をしているのです。突き放すような言い方は避けましょう。

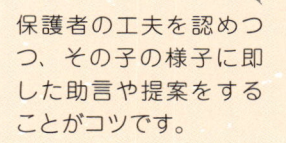 先輩からのアドバイス

保護者の工夫を認めつつ、その子の様子に即した助言や提案をすることがコツです。

Case 21

対象年齢：2〜5歳

子どもの生活

偏食を直したいです

保護者から

　2歳になったころから、好き嫌いが激しくなってきたように感じます。昨日も、豚肉としめじと卵を炒めた料理を出したら、しめじだけ口から出してしまいました。小さく切って再度、食べてごらんと言っても、いやだと言って口に入れようとしません。偏食を直す方法を教えてください。

文章からわかる保護者の気持ち

　「偏食を直す方法」とありますが、一般的な話ではなく、園でのその子の様子や園の対応方法を知りたいという気持ちを読み取ることができます。

心をつかむ！対応のポイント

園での食事の様子や調理方法と、食育には時間がかかることを伝えるようにしましょう。ここでは、保護者は「偏食」と断定的に捉えていますが、**乳幼児期の子どもはその日の気持ちや生活によって、食べたいものや量が変わるもの**です。また、食事を楽しむ、食事を好きになるという姿勢は、乳幼児期だけでなく、小学校以降も引き続き育んでいくものです。ですから、**今すぐに何でも食べるように強制することが重要なことではありません。**長い目で、子どもの食事を考える必要があることを伝えてください。

連絡帳の文例

　さきちゃんの食事について、心配するお気持ちはとてもよくわかります。

　園では、しめじもしっかり食べています。他のお友だちがもりもり食べている様子を見ているからだと思います。ご自宅ではお母さんも一緒に食べて、その様子をさきちゃんに見てもらうようにしてはいかがでしょうか。さきちゃんは一日に必要な摂取カロリーも充足していますし、成長曲線も問題ありません。この時期の子どもたちは、その日の気分や空腹状態によって、何をどれだけ食べるか変わることがあります。しばらく経過をみていただき、その様子を教えてください。

👆 **ポイント①**

「食べたらほめる」、「お母さんも一つほしいなと言う」、「スープに入れてみてはどうか」というのもよいでしょう。その子の性格や園での様子に即した助言をしましょう。

👆 **ポイント②**

子どもが食材を食べない理由は様々です。これからも一緒になって対応していくという姿勢を伝えることで、保護者は安心します。

❌ **こんな文章は NG！**

「しつけに問題があると思います」、「大人になれば食べるようになります」

こうした言い方は、冷たい、無関心、無責任という印象を保護者に与えます。

先輩からのアドバイス

偏食や少食の理由は様々です。対応方法は対面で話し合い、連絡帳で経過報告をするのもよいでしょう。

スプーンや箸が上手に使えません

保護者から

　自宅でご飯を食べるとき、箸を使いたがります。まだうまく使えず、たくさんこぼします（笑）。今は箸と手づかみの両方で食べているのですが、このままでよいのでしょうか。箸で食べるように言い聞かせた方がよいですか？他の1歳11か月の子はどうしていますか？

文章からわかる保護者の気持ち

　子どもに箸を正しく使ってほしいけれど、今のタイミングでそうするべきなのか悩んでいることがわかります。保護者の子育てをサポートするような返事が期待されています。

心をつかむ！対応のポイント

子どもが箸やスプーンを使い始めると、保護者は正しく使うようになることを気にします。そのため、**箸を使って食べてみたいという意欲や、食事をしたいという気持ちをつい見落としがち**です。そこで、こうした子どもの意欲や前向きな姿勢を保育者が代弁して、保護者に伝えましょう。そのうえで、**その子の性格や発達の状態を踏まえて、自宅でも取り組める工夫やコツを伝える**とよいでしょう。

連絡帳の文例

　ご相談していただき、ありがとうございます。園でも、まさや君はスプーンと手づかみの両方で食べようとします。ご飯をいっぱい食べたいという気持ちやスプーンを使いたいという意欲がみられるので、今はまさや君のやり方に任せています。まさや君は、私がスプーンを使って食べているところをよく観察しています。初めて使い始めた頃と比べると、持ち方も使い方も上手になってきました。ご家庭でも、お母様がスプーンを使っているところを見せてあげてはいかがでしょうか。その際、スローモーションのように、ゆっくり見せてあげるとよいかもしれません。

 ポイント①

スプーンが上手に使えるようになるためには、そうなりたいという意欲が必要です。その意欲があるのだと伝えることで、保護者も安心します。

ポイント②

他の子どもと比べるのではなく、その子ががんばってきたことや、成長してきたことを伝えるようにしましょう。

✕ こんな文章は NG！

「家庭の教育方針によります」、「上手に箸を使える子もいます」

突き放したり、他の子どもと比べるような言い方は、保護者を傷つけます。

先輩からのアドバイス

自分でやってみたい！という目に見えない子どもの心の育ちを、保育者が代弁して伝えることが重要です。

対象年齢：3〜5歳

子どもの生活 ## 片付けが苦手です

保護者から

　姉のあやかが3歳の頃はきちんとお片付けができたのに、はるとは
ぜんぜんできません。片付けないと捨ててしまうからね！と言うと、
しぶしぶやることもありますが、しないこともあります。男の子だし、
もっときつく言った方がよいのでしょうか。

文章からわかる保護者の気持ち

　姉と比べることで、はると君のできないことが目についていることがわかります。また、整理整頓という基本的な生活習慣を身につけてほしいという保護者の願いも伝わってきます。

心をつかむ！対応のポイント

まずは、保護者の心配は子どもにとっても重要なものであることを伝えましょう。そのうえで、子どもの気持ちや様子を考慮しないで片付けを強制しても、子どもが反発するだけであることや、子ども自身が片付けの必要性を理解し、片付けを楽しめるようにすることが重要であることを伝えましょう。その際は、抽象的な言い方ではなく、具体的なコツを提示するとよいでしょう。

連絡帳の文例

　はると君が片付けられないとのご相談、ありがとうございます。まず、園ではきちんと片付けができていますので安心してください。園では、片付けをしてほしい5分前と1分前に「そろそろお片付けしてほしいけど、いいかな」と伝えるようにしています。ときには、お片付けゲームとして、赤い箱に入れたら右手でハイタッチ、白い棚に入れたら左手でハイタッチをしています。ご自宅でも、はると君が遊びを切り上げるタイミングをみつつ声をかけて、片付けを遊びに変えるようにしてみてはいかがでしょうか。

ポイント①
保護者は、自宅でできていないことを園でもできずに、子どもが困っていないか心配しています。最初に、その心配を和らげる言い方をしてください。

ポイント②
「きつく言う方がよいか」という保護者の提案を否定する言い方は避け、家庭でも取り組める具体的なコツを提示しましょう。

 こんな文章は NG！

「女の子は成長が早いから仕方がないです」
子ども同士を比べたり、一般的な男女差を安易に持ち出したりすることは避けましょう。

 先輩からのアドバイス

しつけや親の責任という言い方ではなく、子どもがやる気になるコツを伝えるようにしましょう。

落ち着きがありません

保護者から

園では、ななみは座ってお昼ご飯やおやつを食べていますか？自宅では、私の皿をとったり、夫の箸に手を伸ばしたりして落ち着きがなく、じっと座って食事をすることができません。園ではきちんと指導してくれているのでしょうか？

文章からわかる保護者の気持ち

　子どもが落ち着いて食事をとらないことを心配しています。子どもの興味や関心ではなく、大人が考える食事マナーを前提に判断していることもわかります。

心をつかむ！対応のポイント

保護者はつい大人の立場で子どもの言動を判断しがちです。そこで、保育者は子どもの気持ちを代弁するようにしましょう。大人の価値観からするとよくないことでも、子どもには子どもなりの理由があることや、成長するにつれて理解していくことを、園での子どもの様子を踏まえて伝えましょう。子どもの一般的な発達の姿を説明するよりも、その子は今、何に興味があって、何をしたがっているのかを伝える方が、保護者も納得しやすいです。

連絡帳の文例

　食事マナーを心配なさるお気持ち、よくわかります。ななみちゃんは、大人が使っているものに興味があるのではないでしょうか。園でも、お絵かきの際、クレヨンや色鉛筆より、私が使っているボールペンを使いたがります。お昼ご飯の際も、ななみちゃんはきちんと座って食べていることが多いですが、トングや菜箸を見ると、手を伸ばしてほしがります。もしかしたら、ご両親とななみちゃんの箸や食器は異なりませんか。食事マナーを覚えることは大事なことですから、心配なことがありましたらいつでもお知らせくださいね。

 ポイント①

子どもの気持ちや言いたいことを代弁しています。その際は、「絶対～です」、「～に違いない」ではなく、「～かもしれない」という言い方をしましょう。

ポイント②

保護者の関心事を肯定して、今後も対応していくことを伝えています。保護者も、自分の思いを保育者が受け止めてくれたと感じます。

✕ こんな文章は NG！

「**食事マナーは家庭のしつけの問題です**」、「**しつけのあり方を工夫してほしいです**」

何でも保護者のしつけの問題にすることは好ましくありません。

先輩からのアドバイス

子どもは何をしたがっているのか、何を伝えたいのか、というように、子どもの立場から考えましょう。

Case 25

対象年齢：3〜5歳

保護者への対応

しつけは先生に
お任せします

保護者から

そろそろ排せつの習慣を覚えてほしいと思うのですが、園でしっかり教えてあげてくれますか。うちは共働きで、土日も仕事ということが多いから教える時間がないです。ゆきな先生、よろしく！信頼していますよ！！

文章からわかる保護者の気持ち

　こうした保護者は、子どもが嫌いというわけでも、子育てをしたくないわけでもありません。保護者自身が果たすべき役割に気がついていないだけです。あるいは、保育者を信頼しているからこそ、保育者にあれもこれも任せようとするのです。

心をつかむ！対応のポイント

「私なら〜というようにやってみますが、いかがですか」、「最近は〜というやり方もあるそうです」のように、保育者からの提案という形で保護者の果たすべき役割を伝えるとよいでしょう。ポイントは、連絡帳では間接的な言い方でとどめて、お迎えの時間や個人面談のような対面で話す際に、もう少し踏み込んだ提案や助言をすることです。そうすると、保護者も受け入れやすくなります。

連絡帳の文例

　排せつは基本的な生活習慣の一つですから、あゆみちゃんにもしっかり身につけてほしいですよね。園では、排せつに関する絵本の『みんなうんち』を読んだり、おまるに座って遊んだりしています。ご自宅でも、おまるを用意して、「ちっち、でる？」と声がけしてみてはいかがでしょうか。あゆみちゃんが早く排せつを身につけるためには、ご自宅での経験も大事なので、ご協力してくださると嬉しいです。

 ポイント①
書き出しで園での取り組みを伝えることで、保護者の気持ちをきちんと受け止めたことが伝わります。

ポイント②
自宅での取り組みを提案していることで、保護者にも子育ての役割を果たしてほしいことを伝えています。

❌ こんな文章は NG！

「保護者なんだから～してください」、「保護者とは～べきだ」

上から目線で言われている、命令されている、突き放されていると感じやすい表現のため、強い反発を招きやすくなります。

先輩からのアドバイス

保護者が子育ての役割を果たすように促していくことも、保育者の仕事の一つです。

担任を変わってくれませんか？

保護者から

いつも早口で話されるので聞き取れず、腹が立ちます。それに化粧が濃すぎませんか。保育者として絶対におかしいです。連絡帳の字も読みにくいし、ちゃんと考えて書いているとは思えないです。担任を変わってほしいくらいです。

文章からわかる保護者の気持ち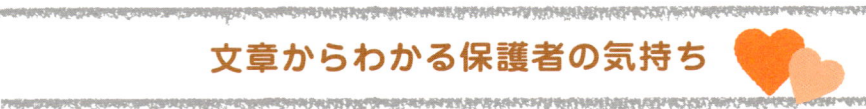

クレーム＝園や保育者への攻撃や否定と捉えていませんか。まずは、クレーム＝保護者の不安な気持ちや保育者に対する期待の表れと捉えてみましょう。クレームを言うことで、自分のことを気にかけてもらいたいと思う保護者もいるのです。

心をつかむ！対応のポイント

クレームには3つの手順で対応します。まず、**保護者の意見を最後まできちんと聞く**ようにします。そのうえで、言われていることが妥当かどうかを考えます。次に、**なぜそうしたクレームを言うのか**を考えます。本当に伝えたいことは何かを考えるのです。クレームという形をとりながら、本当は話を聞いてほしいだけということは多いものです。最後に、**クレームに対してどのような対応をするか、どのような伝え方をするか**を決めましょう。

連絡帳の文例

　ご意見をいただきありがとうございます。至らないところがあったのなら、お詫び申し上げます。私の話し方、身だしなみ、文章に関しては、再度確認し、改善すべきところは改善したいと思います。明日のお迎えの時間に、直接ご説明させていただきますので、少しだけお時間くださると助かります。よろしくお願いいたします。

 ポイント①

書き出しのように、まずは話を聞く姿勢や、受け止める姿勢をみせることが、クレーム対応の基本です。

ポイント②

保護者が感情的になっているときは、連絡帳ではあまり詳細な返事は書かないで、対面で説明する方がよいこともあります。

✕ こんな文章は NG！

「そんなことはありません」「あなたの勘違いです」

感情的になって、保護者の意見を否定してはいけません。保護者の意見の方が妥当であることもあるのです。

先輩からのアドバイス

保護者からのクレームは保護者との信頼関係を強めるきっかけでもあります。感情的にならず、適切な対応を心がけましょう。

あの子とは遊ばせないでください

保護者から

　昨日の帰りに、はると君のお母さんから、嫌味を言われました。いつものことですが、もう限界です。あの家族とは口も聞きたくないので、はると君があおいと遊ぼうとしたら絶対にやめさせてください。そもそもはると君は乱暴で、あおいも嫌な思いをしています。

文章からわかる保護者の気持ち

　保護者同士のトラブルが原因となり、相手の子どもの性格や自分の子どもの気持ちにまで話が広がっており、感情的になっていることがわかります。こうした場合、保育者に話を聞いてほしい、という思いが背景にあることが多いです。

心をつかむ！対応のポイント

保護者同士のトラブルに対応するために、2つのことを意識してください。まず、**保育者は中立の立場であることを明確にして、問題は保護者同士で解決するように促すこと**です。保育者が仲裁に入ったり中途半端に関わったりすると、どちらかの味方をしている、不公平だとなり、問題が悪化することが多いのです。次に、**保育者は、子どもにとって最善の対応をするようにしましょう**。保護者と子どもを切り離して考えるのです。

連絡帳の文例

　あおいちゃんは、クラスのみんなからとても慕われています。いつも、あまり話したことがない子にも積極的に話しかけて友だち作りを楽しんでいます。たくさんの人と接する、付き合っていくという経験は大人になっても大事なものですから、もっと伸ばしてほしいと考えています。今は、あおいちゃんのよさややり方を尊重してみませんか。しばらく様子をみていただけると嬉しいです。

 ポイント①

保護者の人間関係の話から、子どもの話に焦点を変える書き出しとなっています。保護者同士の関係にはあえて触れないことで、中立の姿勢を示すことができます。

ポイント②

あおいちゃんの気持ちというように、子どもの立場から書くことで、保護者に理解を求めるようにしましょう。

✕ こんな文章は NG！

「誰と遊ぶかは本人に任せてください」「それは子どもが決めることです」

こうした言い方は、考えを真っ向から否定された、自分は突き放されていると感じるため、保護者の反発を招きます。

先輩からのアドバイス

保護者と子どもは別の人格です。保護者同士の関係と子ども同士の関係は別であることを常に忘れないようにしましょう。

給食費が高すぎます（無理な要求）

保護者から

　給食の件です。少し給食費を安くしてもらえないでしょうか。私の感覚からすると、かなり高いです。それに、メニューもいつも豚肉か鶏肉です。牛肉がないのはなぜですか。子どもにたくさん栄養をとってほしいので週1回は牛肉を使った料理にしてください。

文章からわかる保護者の気持ち

　メニューを細かく確認していることや、子どもに栄養のある食事をとってほしいという気持ちが背景にあることがわかります。子どもの食事に関心があるからこその意見です。

心をつかむ！対応のポイント

保護者からの要求や要望を提案ととらえ直してみましょう。あの保護者は無理な要求や要望を押し付けてくると考えてしまうと、保育者の気持ちは前向きにはならず、よりよい解決策が浮かばなくなります。そこで、**保護者からの要望を提案ととらえ直してみましょう**。提案と捉えると、子どもや園全体にとってよいと思うからこそ保護者は意見を述べているのだという前向きな気持ちになります。**できることとできないこと、してよいこととしてはいけないこと、したいこととしたくないこと**、などを一つひとつていねいに検討していきましょう。

連絡帳の文例

　ご提案ありがとうございます。子どもの栄養に関しては、園全体でも十分に検討してきました。今回、こうしたご提案をいただいたので、栄養士や調理員も含めて話し合いをいたします。その内容はあらためてご報告いたしますので、少しお時間をください。よろしくお願いいたします。

 ポイント①

書き出しで「提案」と置き換えることで、保護者は意見や気持ちをきちんと受け止めてくれたと理解します。

ポイント②

また、「できません」「わかりません」と即答するのではなく、提案への対応として話し合いをすると明記されています。

✕ **こんな文章は NG！**

「園の方針だから無理です」、「すでに決まったことです」

無理な要求と読むか、子どもを思う気持ちが強く表れていると読むかは、保育者次第です。保護者からの提案と捉えると、保護者の気持ちに寄り添えるはずです。

先輩からのアドバイス

保護者からの要求や要望は提案と捉え直して、ていねいに検討しましょう。検討の結果だけではなく、そう判断した理由もあわせて説明しましょう。

いじめた子を叩ってください

保護者から

帰宅後、さわこの表情が暗かったので話をしました。さきちゃんやまいちゃんに叩かれたり、無視されていると言っていました。どうして、さわこをいじめたりするのですか？先生からも二人を厳しく注意してください。

文章からわかる保護者の気持ち

　子どもの話だけをもとにして、いじめられていると断定しています。こうした断定的な言い方をする背景には、我が子を大切に思う保護者の気持ちがあります。子どもが園で楽しく過ごすために、保育者にしっかり対応をしてほしいという思いが読み取れます。

心をつかむ！対応のポイント

まずは、**保育者として中立な立場から事実を確認してください**。一方的に聞いた話や憶測に基づいて対応するのではなく、自分自身でしっかり確認してください。そのうえで、いじめがあると判断した場合は、子どもたちの話を聞き、関係の修復の手がかりを作るようにしましょう。また、**いじめの原因が根深いものや複雑な場合は、一人で対応するのではなく、園長や同僚保育者と相談して対応するようにしてください**。

連絡帳の文例

　ご心配をおかけして申し訳ありません。今日一日、二人の様子を観察して、必要に応じて子どもたちと話をしたいと思います。まずは、事実をしっかりと確認いたします。そのうえで、あらためてご報告しますので、少々お時間をください。どうぞよろしくお願いいたします。

 ポイント①

単に「子どもの様子をみておきます」というだけではなく、「必要があれば子どもから話を聞く」という言い方をすることで、保護者も安心します。

ポイント②

すぐに返事を書くことがよいのではありません。しっかり確認をしてから、あらためて報告すると伝えることで、きちんと対応してくれるのだと伝わります。

✕ こんな文章は NG！

「いじめをするような子ではありません」、「勘違いかもしれません」、「行き違いです」

こうした言い方をすると、相手の味方をしている、事態を軽くみていると保護者は感じてしまいます。

先輩からのアドバイス

きちんと事実確認をしてから、その結果や今後の対応を保護者に伝えましょう。その際は、なぜそう判断したかの理由もていねいに説明しましょう。

仲間外れにされてないか心配です

保護者から

しおりちゃんのお母さんから教えてもらったのですが、最近、あすかはしおりちゃんたちから仲間外れになっているようです。あすかは、いつもしおりちゃんと一緒に遊んでいたし、おとなしい子だから、園で一人ぼっちになっていないかすごく心配です。

文章からわかる保護者の気持ち

自分の子どもがおとなしい性格で、新しく友だちを作ることが得意ではないと思うからこそ、仲間外れになったことを心配していることが読み取れます。保育者としてどのような対応をするかについて返事をすることが期待されています。

心をつかむ！対応のポイント

子どもが育っていく過程では、友だちとの付き合い方や、友だちとなる相手も変化していきます。仲間外れというより、友だちとの関わり方の変化であることも多いのです。特に、**年長にもなると、いつも同じ子と一緒にいるというより、遊びや活動に必要な知識や技術をもつ友だちを自分で選別してグループを作るようになります。**ですが、保護者に伝える際は、こうした保育の専門的な知識をそのまま伝えるのではなく、具体的に説明するようにしましょう。

連絡帳の文例

　あすかちゃんの様子を教えてくださりありがとうございます。今日、あすかちゃんとしおりちゃんの様子を確認しました。仲間外れではなく、二人とも今夢中になっている遊びにあう友だちとよく遊んでいるだけのようです。しおりちゃんは外遊びに夢中なので、外遊びが好きなはると君やこころちゃんと一緒にいます。あすかちゃんはお絵かきが好きなので、室内でさきちゃんと一緒にいます。仲が悪くなったのではないようです。今日のお昼ご飯のときは、「園庭でとれたトウモロコシだ！」と、二人とも食材の話で盛り上がっていました。

 ポイント①

専門的な説明は、そのまま保護者に伝えても伝わりません。それどころか、自分の子どものことではなく、一般的な話をされていると感じて反発を招きます。

ポイント②

保護者が気にかけていることを踏まえた返事をしましょう。おとなしい性格でも、たくさん友だちがいる、作れていることを伝えることで保護者も安心します。

✕ こんな文章は NG！

「子どもの成長過程だから仕方がないです」

保護者は心配しているのですから、成長過程と簡単に片付けるのではなく、具体的にどういう過程か、保育者としてどのような援助をしていくかを示すことが必要です。

先輩からのアドバイス

専門用語を使ったり、保育の教科書にある説明をコピペするのではなく、保護者にも伝わるように、平易に、具体的に書くことが大事です。

Case 31

対象年齢：0〜5歳

保護者への対応

連絡帳を書かない

保護者から

文章からわかる保護者の気持ち

連絡帳を書かない＝子どもに関心がない、と決めつけはいけません。仕事が忙しい、文章を書くのが苦手、連絡帳は園が書くもの、何を書いてよいかわからない、のように、書かれていない連絡帳からは、保護者の様々な気持ちが読み取れるのです。

心をつかむ！対応のポイント

まず、保護者には連絡帳を書く義務はないことを理解しましょう。連絡帳を書かないことで、保護者を責めるような言い方をしてはいけません。そこで、保護者が簡単に回答できそうなこと、返事を書いてみたいなと思うようなことを、保育者から質問形式で投げかけてみたり、提案したりするとよいでしょう。こうして、連絡帳を書くことを無理強いするのではなく、優しく促すようにするのです。

連絡帳の文例

　いつもお仕事お疲れ様です。今日の午後は、園庭で泥だんご作りをしました。あやみちゃんは、私やお友だちにお団子を５つも作ってプレゼントしてくれました。形も大きさもそれぞれ異なり、どれも美味しそうなお団子でした。ご自宅に戻りましたら、「お団子を作ったお話を聞かせて」と、あやみちゃんに聞いてみてはいかがでしょうか。

 ポイント①

「お仕事お疲れ様です」と書き出すことで、保護者の気持ちや事情に配慮していることが伝わります。

ポイント②

子どもに尋ねるという、保護者が回答しやすい提案がされています。また、子どもに尋ねやすくするために、園での様子を具体的に伝えています。

✕ こんな文章はNG！

「どの保護者もきちんと書いています」「子どものためにも書いてあげましょう」

連絡帳を書くことは義務ではありません。強制やプレッシャーを感じさせるような言い方は避けましょう。

先輩からのアドバイス

保護者の性格、状況、考え方を踏まえて、保護者が連絡帳を書いてみたい、書けそうだという気持ちになるような仕掛けを考えてみましょう。

転ばせた子の名前を教えてください

保護者から

帰宅途中で、園庭で遊んでいるときに友だちに押されて転んだと、みずほから言われました。もしかしたらいじめかもしれませんし、きちんと謝ってほしいので、誰に押されたのか調べて、名前を教えてください。

文章からわかる保護者の気持ち

子ども同士がけんかしたり、誰かのせいで怪我をしたりすると、保護者は相手を特定したがります。それは、相手に怒りをぶつけているというより、子どもが悲しい思いを繰り返さないようにという親心からです。

心をつかむ！対応のポイント

実名ではなく「お友だち」や「仲良しグループ」として、具体的な遊びや活動の内容を書けば、保護者にその日の様子がきちんと伝わります。特に、**子ども同士のけんかや怪我のようなネガティブなことを書く際は、他の子どもの実名は絶対に書かないようにしましょう。**保育者を介さずに保護者がその子の保護者に直接話をしてしまうことで、保護者同士のもめごとに発展することがあるからです。

連絡帳の文例

　ご連絡いただきありがとうございます。園庭に出ていく際に、みずほちゃんの後ろの子が先に出ようとしたため、みずほちゃんにぶつかり、二人とも倒れてしまいました。みずほちゃんが怪我をしていないことを確認してから、なぜみずほちゃんが倒れたのか、どうしたらよかったのかを、その子と一緒に考え合いました。その子は十分に反省をし、みずほちゃんに自分から謝りました。みずほちゃんも、許してくれました。ご心配をおかけして申し訳ありませんでした。

ポイント①

「実名を教えてほしい」という依頼を真っ向から否定するのではなく、何があったのか、どのように対応したのかを具体的に伝えるようにしましょう。

ポイント②

みずほちゃんが転んだ際にしっかり対応したことが書かれているので、保護者も安心します。

 ✕ こんな文章は NG！

「園のルールなので、教えることができません」

実際に園のルールだとしても、このような言い方をすると、突き放した対応や冷たい姿勢だと保護者は感じます。

先輩からのアドバイス

ポイント①のように、実名を知りたがる保護者の気持ちを考え、それに応えるような回答をしましょう。

子育てと関係のない話題ばかりする

保護者から

昨日の歌番組にミスチルの桜井さんが！彼は私の超タイプ！！しびれました！！！

文章からわかる保護者の気持ち

　子育てと関係ないことは書かないようにと責めたり、書かれたことを無視してはいけません。こうした連絡帳からは、保護者が何かを他者に伝えたいという気持ちをもっていることがわかります。その何かを、プライベートな話題から、子どもや子育ての話題に切り替えるようにするのが、保育者の腕の見せ所です。

心をつかむ！対応のポイント

保育や子育てとは関係のない話題が書かれていた場合でも、無視するのではなく、保護者の気持ちに寄り添いつつ、**書かれていることから保育や子育ての話につながりそうなものを見つけ、園での子どもの様子につなげるようにしましょう。**その際には、締めくくりの一文を、子どもの話題が中心となるような質問や提案にするとよいでしょう。

連絡帳の文例

　ご連絡ありがとうございます。実は、私もその歌番組はよく見ています。最近のりなちゃんのお気に入りの歌は、『うさぎとかめ』です。今日も、「もしもしかめよ、かめさんよ」の「かめさんよ」を「かめさんだよ」、と歌ってくれました。ご自宅でも、りなちゃんに『うさぎとかめ』を歌ってもらうのはいかがでしょうか。

 ポイント①

子育てとは関係のない話題でも無視するのではなく、簡単に触れる程度に返事を書きましょう。自分の気持ちを受け止めてもらえたと、保護者は感じます。

ポイント②

保護者のプライベートな話から、子どもの話が中心になるようにつなげて返事を書きます。ここでは、歌番組の話から子どもが歌う様子へつなげています。

✕ こんな文章は NG！

「子育てと関係のない話題は書かないでください」、「連絡帳に書くべきことではないです」

自分の思いを伝えたいという保護者の気持ちを大事にするようにしましょう。

先輩からのアドバイス

子育てと関係のない話題に対応するコツは、そこから、子どもと関わるようなところをみつけることです。

今日もお迎えに遅刻してすみません

保護者から

昨日もお迎えの時間に遅刻して申し訳ありませんでした。会社にはお迎えの時間に間に合うように退社したいと伝えていますが、仕事が繁忙期で、定時退社が難しいのです。明日は、時間通りに迎えに行けるように努力します。ご迷惑をおかけして申し訳ありません。

文章からわかる保護者の気持ち

仕事と子育ての両立で苦しんでいることや、園に対して申し訳ない気持ちでいっぱいであることがわかります。一方で、「努力します」としか書かれていないことから、具体的な改善策は浮かんでいないことが推測されます。

心をつかむ！対応のポイント

送迎時間に頻繁に遅れてくる場合、保護者自身が追い込まれていることが多いです。また、「がんばります」、「次回は気をつけます」という言葉が繰り返される場合、具体的な改善策を考えていないことが多いため、遅刻が繰り返されることが予想されます。そこで、**保護者の今の事情を踏まえて、これからの対応について一緒に考え合うことを提案するようにします。**「一緒に解決しよう！」という姿勢をみせるのです。

連絡帳の文例

　ご連絡いただきありがとうございます。お仕事と子育ての両立をがんばっている姿からは、私も勇気をもらっています。まだまだ繁忙期は続くようでしたら、やはりお迎えの時間に間に合うことは難しいのではないでしょうか。今はたくさんの子育て支援の方法があります。今何ができるか、何がひかりちゃんにもお母様にもよいかを一緒に考えさせてください。明日のお迎えの際にお話しできますか。日に日に寒くなってきています。どうぞご無理なさらないで、お体をお大事にしてください。

 ポイント①

申し訳ないという保護者の気持ちにしっかり寄り添います。保護者への共感を示すことが、問題を解決するコツです。

 ポイント②

今のままでは問題は解決しないことを間接的に伝え、話し合いを提案しています。

 こんな文章は NG！

「社会人として失格です」「退園処分を検討します」「子どもがかわいそうです」

説教したり脅しをかけたりすることは、保護者を苦しめるだけです。

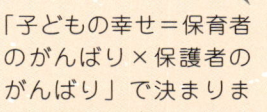 **先輩からのアドバイス**

「子どもの幸せ＝保育者のがんばり×保護者のがんばり」で決まります。保護者が困っているときは、支援する方法を考え合いましょう。

園での怪我の件です（事故の経過報告）

保護者から

　右手の人差し指の切り傷の件ですが、痛がっていなかったでしょうか。昨日の夕食時は、痛くて泣いて、食事も全部食べませんでした。ばんそうこうをはったら、今度はそれが気になって泣いて……。痛くて泣いている様子は、見ているのもつらかったです。

文章からわかる保護者の気持ち

　園内で怪我をしたことについて保育者を責めているのではなく、その後の子どもの様子を気にしていることがわかります。保護者は食事の場面を取り上げているので、給食時の様子を中心に返事を書くことが、保護者の気持ちに応えることにつながります。

心をつかむ！対応のポイント

　園内で起きた事故や怪我は、緊急の場合は保護者に電話をし、そうではない場合でも対面で説明をすることが原則です。緊急の場合は連絡帳に書いている余裕はないですし、事故や怪我の詳細を文章で説明するのは難しいからです。**連絡帳には、事故や怪我のその後の経過を書くようにします。**事故や怪我が起きた後の子どもの生活や様子はどうであるか、保育者はどのように対応しているかを書くことで、保護者が安心するようになるからです。

連絡帳の文例

　かりんちゃんが怪我をした件について、本当に申し訳ございませんでした。今日のお昼ご飯のときは、右手を気にする様子はなく、友だちと楽しそうに会話をしながら食事をしていました。いつものように、おかわりもしました。午後の外遊びの際も、右手も使ってボールを投げたり、落ち葉を拾ったりしていました。外遊びが終わった時点で、ばんそうこうを替えましたが、嫌がることも泣くこともありませんでした。園にはお友だちがいるから、泣かないようにがんばっているのかもしれません。園でも引き続き経過をみていきますので、ご自宅での様子も引き続き教えてください。

 ポイント①

事故や怪我の後しばらくは謝罪から書き出します。ただし、毎回謝罪から始めるとかえって不安になります。「今日の様子をご報告します」と書き出しましょう。

ポイント②

食事の様子を気にしていた保護者の気持ちに即した返事を書きます。また、具体的に書くことで、怪我や子どもの心の回復が順調であることが伝わります。

✕ こんな文章は NG！

「たいしたことがなくて安心しました」、「いつも通りです」、「気にしすぎないでください」

他人事で、無責任な言い方だと保護者は感じます。

先輩からのアドバイス

「自宅での様子も教えてほしい」と言うことで、保護者や子どもの気持ちに寄り添っていることが伝わります。

夫と育児の方針が あいません

保護者から

自宅ではなぎさが泣くと、私がすぐに抱っこしてなだめるようにしています。でも、夫から、2歳頃はたくさん泣いた方が肺が鍛えられるから、泣かせたままの方がよいと叱られました。ゆきな先生は、どう思いますか？

文章からわかる保護者の気持ち

子どもにとって何が最善かを考えようとしている姿勢が読み取れます。一方で、自分のやり方を否定されて、このままでよいのか？と不安になっている様子もわかります。

心をつかむ！対応のポイント

夫婦間で意見が割れている場合に、保育者がどちらかの側に立つと、自分の意見を否定された側は反発します。**最適な保育や子育ては、子どもの性格や時期によって異なります。**だから、どちらが正しい、間違っているというような断定的な言い方は避けましょう。また、**一般的な意見や、医学や保健のような保育者の専門外の知識を安易に持ち出すことも好ましくありません。**保護者が知りたいことは、自分の子どもにとって最適なことは何かです。そこで、園内での具体的な子どもの様子を踏まえて返事を書くようにしましょう。

連絡帳の文例

　ご質問いただきありがとうございます。子どもが泣いているときの対応方法はたくさんあります。子どもによってどれがよいかは様々です。園では、なぎさちゃんが泣くと、まずは目を見てどうしたのかな？と声をかけてから、抱っこすることが多いです。そうすると、なぎさちゃんも落ち着きます。

 ポイント①

夫婦のどちらの側にも立たない言い方で始めることで、夫婦や家庭に深入りしないようにしています。

ポイント②

園で保育者が実際に行っているやり方を説明することで、その子に即した対応を伝えることができます。これが、夫婦どちらの意見も否定せずに回答するコツです。

✕ こんな文章は NG！

「自分たちで決めてください」、「子どもによって異なります」

子育ての正解は一つではなく、子どもによって異なるからこそ、保護者は悩み、保育者に相談しているのです。

先輩からのアドバイス

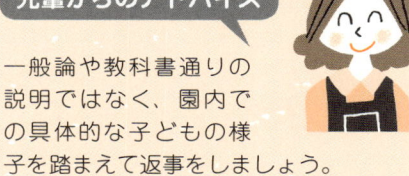

一般論や教科書通りの説明ではなく、園内での具体的な子どもの様子を踏まえて返事をしましょう。

もう少しで初めての
寝返りが見られそうです

保護者から

昨日、あと少しで寝返りができそうでした！今日こそはできるかも
と思うと、私がわくわくしてきます！

文章からわかる保護者の気持ち

　初めて寝返りをした、初めて立った、初めてパパと言った、というような瞬間
は、子育ての喜びを最も感じる瞬間の一つです。「私がわくわくしてきます」と
いう言葉から、子どもの育ちを喜び、これからも子育てを楽しみたいという保護
者の気持ちが伝わってきます。

心をつかむ！対応のポイント

保育者の役割は、保護者の代わりをすることではなく、子育てを支援することです。
保護者が子育ての喜びを感じることができるようにすることです。そのためには、
子どもが初めてできた瞬間については、保育者の感情を全面に出すのではなく、ど
ういう状況でできたのかを具体的に書くようにしましょう。あるいは、「そろそろ
自宅でも寝返りが見られる頃ですね」とほのめかしたり、園でできたということを
あえて書かないこともあります。

連絡帳の文例

　嬉しいお知らせありがとうございます。まりちゃん、寝返りがまもなくですね。今日は園では寝返りをがんばっていたのですが、あと一歩でした。でも、もうすぐ寝返りができるようになります。ご自宅でそのときが訪れるかもしれませんので、しっかり見届けてくださいね。私も、わくわくしてきました。

 ポイント①

できた、できないだけではなく、子どもががんばっていた様子も伝えるようにしましょう。

ポイント②

園で実際に寝返りができていた場合でも、このように書くことで、保護者が寝返りを最初に見ることができたのだとなります。

✕ こんな文章は NG！

「最高の瞬間でした！」、「立ち会えてよかったです！」

保護者としては、自分が最初に経験したかった瞬間です。保護者の気持ちを配慮した言い方が必要です。

先輩からのアドバイス

初めて寝返りした、ママと言った、のような場面は、あえて連絡帳には書かないことも選択肢の一つです。

にほんごわかりません（保護者が外国籍）

保護者から

にほんごは　あまりわからない
えいごできるせんせい　はなしたい

文章からわかる保護者の気持ち

　保護者が外国人という子どもが増えています。こうした保護者は、日本の保育に期待しつつ、不安ももっています。言葉が通じないことで、ストレスや不安を感じているのです。この連絡帳からも、話をしたい、聞いてほしいという保護者の気持ちが伝わってきます。

心をつかむ！対応のポイント

英語が得意な保育者がいない場合は、**写真やイラストを用いてコミュニケーションをはかりましょう**。子どもの様子を撮影して、連絡帳に添えることで、保護者も安心します。また、**Google翻訳のように、日本語と英語を変換するツールも使えます**。正確な英文にはならないものの、おおよそ伝わるものになります。ただし、**アレルギーや与薬、宗教上の配慮に関しては、対面でも確認して誤解がないようにしてください**。

連絡帳の文例

Today we all went sand in the park. Everyone made a big mountain, Kelly made a tunnel there. The stone nearby was called a train, a train, and passed through a tunnel.

＊ Google 翻訳で、このような日本語を翻訳しました。
今日はみんなで公園で砂遊びをしました。みんなで大きな山を作って、ケリー君はそこにトンネルを作りました。近くにあった石を電車、電車と言って、トンネルをくぐらせていました。

ポイント①

Google 翻訳を活用しましょう。正確な英文にはなりませんが、保育者が一生懸命に伝えようとしていることは、保護者に確実に伝わります。

ポイント②

英語に翻訳した元の日本語も書いておくとよいでしょう。保護者の日本語の習得レベルは様々ですから、日本語を一緒に読むことで理解が進むこともあります。

✕ こんな文章は NG！

「正しい日本語を使ってください」、「英語はわかりません」

こうした言い方をすると、連絡帳に記入しづらくなり、保護者の気持ちを知る道を閉ざすことになります。

先輩からのアドバイス

「私は英語ができないから仕方ない」ではなく、保護者に伝わるような努力や工夫が重要です。

子どものことが嫌いになってきました

保護者から

子どものことが嫌いになってきています。何をしてもいやいや！の繰り返し。食事中も突然泣き出して食器を投げるし、洋服を着替えるのも抵抗するし。つい大声でどなってしまったり、叩きたい気持ちになります。

文章からわかる保護者の気持ち

「どなる」、「叩く」という言葉に過剰に反応して、子どもが虐待されている！と大げさに考えてはいけません。どの保護者にも、子育てに疲れてしまう、子どものことが嫌いになるという時期はあります。子育てや子どもに対して否定的な気持ちが書かれているときは、保護者が支援を求めているサインと読み取るようにしましょう。

心をつかむ！対応のポイント

まずは、保護者の気持ちに寄り添うことが重要です。しっかりして！というような追い込むような言い方ではなく、**これまでのがんばりを認めるようにしましょう。**次に、保育者として専門的な助言をします。そのうえで、お迎えの時間など対面でも話をするとよいでしょう。**保育者に直接話をすることで、保護者の気持ちが楽になることも多いのです。**

連絡帳の文例

　お仕事をしながらの子育てには、楽しいことだけではなく、苦しいこともありますよね。２歳になるこの時期の子どもは、親に抵抗することも増えてきます。自分でやってみたい、でもできないという葛藤でイライラして、泣いたり抵抗したりします。お母さまも大変だと思いますが、まゆこちゃんが成長するためには避けて通れない過程でもあります。まゆこちゃんがイヤイヤと言うときは、まゆこちゃんはどうしたいの？と尋ねたり、落ち着くまで待ってあげるのはどうでしょうか。

 ポイント①

書き出しや文中で、保護者の気持ちに寄り添う言葉を入れています。子育てに苦しんでいる保護者には、まずその思いや気持ちに寄り添うことが重要です。

ポイント②

保育者から具体的な提案をしています。一般論や抽象的な話をして終わるのではなく、具体的に何をしたらよいかわかるように書きましょう。

 ❌ **こんな文章は NG！**

**「それは虐待です」、「親として
もっとしっかりしてください」**

子育てが嫌になるときは誰にでもあります。解決の糸口を一緒に考える姿勢を見せることが重要です。

先輩からのアドバイス

保護者が苦しんでいるときは、子どもも苦しんでいることがあります。子どもの様子にも気を配りましょう。

漢字や計算の練習をさせてほしい

保護者から

あと半年もすれば、みさきも小学生になります。小学校の勉強についていけるように、園でも基本的な漢字を覚えたり、計算問題の練習をしたりする取り組みをしてください。

文章からわかる保護者の気持ち

小学校入学後に子どもが勉強についていけるか心配している様子がうかがえます。乳幼児期と小学校以降の子どもの学び方は大きく異なるため、園としてどのような対応をしているのかを知りたいという保護者の気持ちが読み取れます。

心をつかむ！対応のポイント

幼稚園（保育園）は小学校とは違う！という言い方をすると、園は小学校以降のことを考えていないと感じます。そこで、園で行っていることやこれから行うことが、小学校での勉強にどのようにつながるのかをていねいに説明するようにしましょう。園内での子どもの遊びや活動が、国語や算数の勉強の基礎になっていたり、理科や社会に興味をもつきっかけになっていることを伝えるとよいでしょう。

連絡帳の文例

　小学校での勉強を心配するお気持ちはとてもよくわかります。園でも、みさきちゃんが小学校の勉強に興味や関心をもてるようにしています。たとえば、ごっこ遊びで看板を作る際に、私が「かっこよくするために漢字を使ってみる？」と促したら、本で調べたり、私に質問したりしながら、「店」、「魚」、「お金」と３つも漢字で書けました。みさきちゃん自身も漢字に興味を示しているので、次はお母さんに漢字を使ったお手紙を書いてみようと考えています。お手紙、楽しみにしていてくださいね。

 ポイント①

ごっこ遊びを通じて漢字を覚えていますというように、園での活動が小学校での勉強につながることを伝えます。この例のように、具体的に伝えることが重要です。

 ポイント②

子どもの興味や関心が、小学校での勉強の土台になったり、つながっているものであることを伝えます。

✕ こんな文章は NG！

「幼稚園（保育園）は小学校の準備をするところではありません」、「入学後でも間に合います」

こうした言い方は、子どもの将来を考える保護者の気持ちを傷つけるだけです。

 **先輩からのアドバイス**

園の取り組みが小学校での勉強につながっている、という伝え方をすることがコツです。

行事に参加できず申し訳ありません

保護者から

　土曜日の運動会ですが、私も夫も仕事が休めず参加できません。代わりに私の母が参加します。まいが成長した姿を見たかったのですが、まいにも悲しい思いをさせてしまって申し訳ない気持ちでいっぱいです。

文章からわかる保護者の気持ち

　運動会に両親がいないことで子どもが悲しい思いをするのではないかと心配していることが読み取れます。参加したくてもできないという保護者の苦しみが伝わってきます。

心をつかむ！対応のポイント

まず、園内行事に参加できないことは問題ではないことや、子どもへの対応をていねいに行うことを伝えましょう。そのうえで、**他にも参加できない保護者がいること**や、**祖父母が参加することもできること、当日の様子は写真や動画で後から確認できること**など、保護者の気持ちに応えるような対応を伝えましょう。

連絡帳の文例

　お祖母様が参加くださるとのこと、承知いたしました。当日は、まいちゃんが運動会を楽しめるように私たちもサポートしますので、安心してください。また、運動会の際は写真や動画もとりますので、後からご確認することもできます。ぜひ、まいちゃんが成長した姿を見てあげてくださいね。

 ポイント①

保護者は子どもが悲しい思いをしないか心配しているので、その気持ちに応えるように書くことが重要です。

 ポイント②

「運動会の様子は後から確認できる」というように、参加できない場合の対応についても伝えるようにしましょう。

✕ こんな文章は NG！

**「どの親も参加しています」、
「子どもがかわいそうです」**

行事に参加できないことに保護者は心を痛めています。こうした言い方は、保護者を追い詰めることにしかなりません。

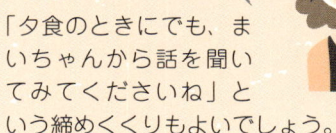

先輩からのアドバイス

「夕食のときにでも、まいちゃんから話を聞いてみてくださいね」という締めくくりもよいでしょう。

1週間、園を休みます

保護者から

日曜日から1週間、家族でグアムに旅行に行きます。夫婦ともに
やっと休みがとれました。ただ、こんなに長い間休むと、ゆかが元通
りの園生活に戻れるか心配です。ご迷惑おかけして申し訳ありません。

文章からわかる保護者の気持ち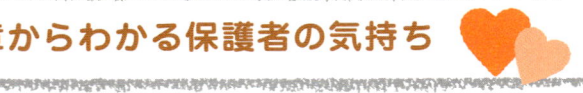

　家族みんなで楽しい時間を過ごせるという喜びと、子どもの生活リズムを心配
する気持ちが入り混じっていることがわかります。しばらくの間園を休む子ども
に対して、どのような対応をするかの返事が期待されています。

心をつかむ！対応のポイント

園を休むことに対する保護者の心配や不安を和らげ、家族みんなで楽しい時間を過
ごせるような返事をしましょう。子どもにとっても、家族みんなで過ごす時間はか
けがえのないものなのです。

連絡帳の文例

　欠席のご連絡、ありがとうございました。家族みんなで旅行し、楽しい時間を過ごすことは、ゆかちゃんにもとてもよい経験です。外国では日頃経験できないこともできるでしょうから、ゆかちゃんの成長にもよいと思います。1週間後に登園した際は、ゆかちゃんが不安になることがないように配慮しますので安心してください。家族みんなで素敵な時間を過ごしてきてくださいね。

STEP
4
実例でわかる！難しい質問・要望への応え方

保護者への対応

ポイント①

家族で旅行をすることは子どもにとってもよいと伝えることで、保護者の気持ちが楽になります。

ポイント②

1週間も園を休むことに対する保護者の不安に応えるようにします。「ゆかちゃんにも、心配しなくていいよと伝えてあげてください」でもよいでしょう。

✕ こんな文章は NG！

「しばらくすれば自然と元の生活に戻るから大丈夫です」

このような言い方をすると、保育者は何もしてくれないのだと保護者は感じ、いっそう不安になります。

先輩からのアドバイス

しばらく休むことに対する不安や問題に対して、それを和らげるような返事をするようにしましょう。

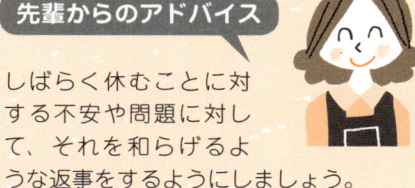

STEP UP! コラム

🎯 子どもの立場から書くコツは？

　子どもの立場から書く際は、子どもを主語にするとよいでしょう。保護者の意見に対して、「私（保育者）」を主語にすると、保護者の中には、自分の意見が否定されて、保育者の意見を押し付けられているように感じる人もいます。そのため、子どもを主語にした書き方をしてみましょう。また、保護者とは異なる保育者の意見を伝える際は、「〜してはいかがでしょうか」、「一緒に〜していきませんか」のように、保護者に質問を投げかけるように書くことで、押し付けられたという感じを和らげることができます。

> 「私は…と思います」ではなく、「●●君は…がしたかったようです」のように、子どもを主語にして書くようにすることがポイントです。

🎯 子どもがいじめられているという保護者の意見への対応方法

　幼児期のいじめの問題は非常に複雑です。いじめたとされる側からすれば、ふざけていただけ、相手の注意を引き付けたかっただけということもあります。いじめられたとされる側も、仲間に入れてほしいからそう言っていることもあります。幼児期の子どものいじめに関わる問題は、よほど明らかなものを除けば、複雑な要因がからみあっているのです。

　子どもがいじめられているという指摘を保護者から受けた場合は、まずは、保育者自身で事実を確認しましょう。そのうえで、今の状況が好ましくないと判断した場合は、子どもからきちんと話を聞きましょう。子どもが説明しているときは、遮ることや否定することのないように、最後まできちんと聞くようにします。それから、子どもそれぞれの理由を踏まえ

て、ではこれからどうしたらよいか、子ども同士が考え合い、自分たちで解決するようにしましょう。保育者はそのサポートをするのです。

　連絡帳には、こうした経緯を具体的に書くようにしましょう。事実はどうであったか、それに対して子どもはどういう気持ちや考えであったかをしっかり伝えます。子どもには子どもなりの理由があります。そのうで、いじめに対して子どもたちはどういう解決をしたか、保育者はどのようにサポートしたか、今後はどうやって対応していくかを書くのです。

　なお、保育者が子どもの間に入るときは、裁判官のようにふるまわないように気をつけてください。保育者が裁判官のように、あなたが正しい、間違っているというような判決をくだしたり、とりあえず謝りなさいと強制や命令をしたりしてはいけません。これでは、子ども自身の自立心や協同性が育まれないからです。それどころか、子どもには子どもの理由があるでしょうから、それを考慮せず解決しようとしても、子どもは納得せず、保育者に対して不信感をもつようになるだけです。

いじめが疑われる際の対応方法

① まず、保育者自身で事実を確認する

② 必要があれば、いじめられている方、いじめている方の両方から話を聞く

③ 子ども同士で話し合い、解決できるようにサポートする

いじめが疑われる場合にしてはいけないこと

① 当事者の子どもたちに直接話を聞かないまま、推測で情報を保護者に伝える

② どちらが正しい、間違っている、というような判断を保育者がくだす

巻末資料

- もっと上達する！連絡帳を書くうえでの心構え
- 間違えると恥ずかしい！紛らわしい漢字・送りがな一覧
- これだけは覚えておきたい！敬語変換表
- 印象がガラッと変わる！肯定的な言葉への変換表

ここまで読み進めてきた方は、これまで以上に連絡帳を上手に書くことができるようになっているでしょう。ですから、自信をもって連絡帳を書いてください。

もちろん、実際には、様々な子どもや保護者がいます。この本で紹介してきたこと以外にも、迷ったり悩んだりすることもあるでしょう。そこで、本書の最後に、そのような場面に遭遇したときに解決の糸口になりそうな心構えを紹介してみましょう。

心構え **1** 保護者を育てることも、保育者の仕事

保育者とは異なり、保護者は保育の専門家ではありません。保育者にとって当然のことが、そうではないことも多くあります。たとえば、集団生活では、子ども同士のけんかやいざこざはつきものです。その過程で、子どもは人付き合いのやり方や集団生活のルールを身につけていきます。しかし、保護者はそのように考えないことが多いのです。けんか＝悪いこと、けんかが起きる＝保育者の不注意と考えることもあるのです。

保護者が保育の原則とは異なることを言っても、保護者を突き放したり馬鹿にしたりするような言い方をしてはいけません。保護者が保育者に様々なことを言う背景には、子育てに対する不安や子どもに対する愛情があるものです。保護者の気持ちに寄り添いつつ、子どもの育ちや子育てに対する専門的な助言をするようにしましょう。

> 保護者が味方になってくれる
> かどうかは、保育者の対応
> 次第なのです。

心構え **2** 自分の子ども観を知ること

子ども観とは、みなさんが「子どもとは？」と質問された際に、回答することです。たとえば、「大人になる前の未熟な存在」や「有能な学習者」、あるいは「社会性が身についていないから常

識が守れない」や「泣いたり騒いだりすることもあるけれど、かわいい存在」といった回答です。こうした子ども観は、みなさん自身が育ってきた家庭環境や社会環境、また保育者としての経験によって作られます。

　自分がもつ子ども観は、連絡帳を書く際にも影響を及ぼしています。子どものことをあまり好きではなかったり、未熟な存在と考えていると、否定的な表現や断定的な表現を使いがちです。一方で、子どもは子どもなりに学習をしている、一生懸命に自分の気持ちを伝えようとしていると考えていると、肯定的で前向きな表現を使うことが多くなります。

　子ども観は、一度作られたら二度と変わらないものではありません。保育者として学び、経験を積むことで変化していきます。そのためには、同僚保育者との対話や保育カンファレンスでの保育の振り返りを通じて、自分がどのような子ども観をもっているか知ることが重要です。

　このように、連絡帳の文章をよりよくするためには、自分の子ども観を知り、保育者としてより適切な子ども観を作っていくことが必要です。肯定的な表現を使えるようになったり、子どもの育ちを伝えるような書き方ができるようになるためには、文章の訓練だけではなく、子ども観を見直すことも重要なのです。

> よりよい連絡帳を書くためには、文章の訓練だけではなく、子どもに対して肯定的なイメージをもつことが大事です。

心構え　③　保護者への苦手意識は自分の気持ち次第

　保育者にとって、付き合いやすい保護者とそうではない保護者がいます。ここでは、付き合いにくい保護者への対応方法を二つ紹介します。

　まず、どのようなことにも、自分がコントロールできることと、できないことがあることを理解することです。赤信号でも進みたいと思っても、それは認められませんよね。法律でそう決まっているからです。つまり、赤信号でも進みたいと思っても、自分の思うようにはならないのです。これが、自分がコントロールできないということです。同じように、自分以外の他者は、自分ではコントロールできないものです。付き合いにくい保護者に態度を変えてもらうことや愛想をよくしてもらうということは、無理だと考えた方がよいでしょう。自分の思うように他者を変えることはできないのです。

次に、他者をコントロールできないとすれば、自分が変わればよいと考えるのです。変わるといっても、その人にすべてあわせるとか自分の考えを捨てるということではありません。他者は自分とは異なる考えや見方をもっていることを認め、その人から学べることやその人なりのよさを見つけるようにするのです。どれほど付き合いにくい相手でも、どこかに自分にはないよさがあり、学べるところがあります。それを見つけ、学び、自分の成長に生かしていくことが、自分が変わるということです。

　このように考えると、なぜ私はこれほどがんばっているのに、この保護者は理解してくれないの！と、苛立ったり怒ったりすることが少なくなります。他者はコントロールできないのです。コントロールできるのは自分だけです。保護者に怒りをぶつけたり説教をしたりするのではなく、保護者から学ぶのです。どうしてこうした言い方をするのだろう？もし私ならどのような言い方をしただろう？といったように考えてみましょう。

　この保護者は苦手だな、私とは相性がよくないなと思うと、それは相手にも確実に伝わります。だから、この保護者から学ぼう、もっと理解しようと思うようにするのです。そうすると、気持ちが前向きになり、いつの間にか苦手意識がなくなっています。苦手だった保護者との関係も改善されているでしょう。

他者を自分にあうようにしようとするのではなく、自分の考えや視点を柔軟にして、他者を理解しようとすることが大事です。

心構え　4　保護者には、保護者なりの事情がある

　真面目な保育者ほど、保護者から頼られると「仕方がないなあ、私がやるか」となりがちです。しかし、保護者に言われるままに何でもすることがよい保育者ではありません。保護者の支援とは、保護者の子育てを「支援する」ことであって、保育者が保護者の代わりを務めることではないのです。保護者がやらないと子どもがかわいそうだから、という理由から、保護者がすべきことを何でも引き受けるということは、子どもにとってもよくないことなのです。

　そこで、保護者も子育てに積極的に関わってもらうために、保育者から様々な提案をするようにします。しかし、なかなか対応してくれない保護者もいるでしょう。そのようなときは、「対応しない」ではなく「今は対応できない」、「対応できないこともある」と考えるようにしてくだ

さい。決してあきらめたり、怒ったりしてはいけません。保護者には保護者の事情があるのです。保護者は家庭や職場など、様々な事情を背景に子育てをしています。「今すぐは」対応できないということもあります。また、保育者にはわからない事情から、どうしても対応できないこともあります。せっかく提案してもやってくれない、と考えるのではなく、保護者にも事情があることを踏まえて、根気よく保護者と付き合っていくことが重要です。

子育てに積極的に関わらない保護者には、保護者なりの事情があることを理解し、あきらめたり怒ったりせずに、根気よく向き合っていきましょう。

心構え 5 新人保育者だからこそ、適切なクレームの対応を

　「他の先生と比べるとあなたは頼りない」、「もっとしっかり保育をしてほしい」といった言葉を保護者から言われると、ついカッとなって売り言葉に買い言葉になることがあります。このように、保育者が感情的になって反応すると、問題は解決するどころか、いっそう複雑になります。保護者と言い合っている様子を子どもが見たら、どう思うでしょうか。このようなときは、「私のことを認めているから、私にクレームを言うのね」というくらいの気持ちをもつことが重要です。

　特に、新人保育者にとっては、保護者は自分よりも年配であることが多いため、クレーム対応は頭が痛いものです。園長や主任に助けを求めたくなるでしょう。もちろん、クレームの内容によってはそうすべきです。しかし、クレームに対しては自分なりの考えややり方でしっかり対応しようとすることが重要です。こうした経験を積み重ねてこそ、保育者として一人前になっていくのです。もちろん、「この先生は若いけれど、しっかりしている！」と保護者からも信頼されるようになります。

クレームに対して適切に対応することで、保育者の成長や保護者からの信頼につながるのです。

　きちんと読むことができるのに、いざ書こうと思うと、正しく漢字を書けない。連絡帳を書いていると、このようなことがよくあります。そこで、下の表の「正しい漢字・送りがな」の部分を紙で隠して、いくつ正解できるか試してみましょう。

×　間違った漢字・送りがな	○　正しい漢字・送りがな
○○様当ての手紙	○○様宛ての手紙
今日はとても熱い日でした	今日はとても暑い日でした
謝った表現	誤った表現
以外な出来事	意外な出来事
急がしい	忙しい
成長が著い	成長が著しい
一週年を迎える	一周年を迎える
いつも一諸です	いつも一緒です
いも堀り	いも掘り
引卒する	引率する
遠々と続く	延々と続く
往複する	往復する
多いに遊ぶ	大いに遊ぶ
○○ちゃんは大者ですね	○○ちゃんは大物ですね
風邪で悪感がありました	風邪で悪寒がありました
まだ幼ないので	まだ幼いので
温好な性格	温厚な性格
変え歌	替え歌
工作の形紙	工作の型紙

×　間違った漢字・送りがな	○　正しい漢字・送りがな
鉛筆を貸りる	鉛筆を借りる
完璧にできていました	完璧にできていました
明日は着替をお持ちください	明日は着替えをお持ちください
気嫌がいい	機嫌がいい
遇然の出来事	偶然の出来事
軽卒な行動	軽率な行動
下熱剤	解熱剤
献心的な行動	献身的な行動
剛情な性格	強情な性格
注意が散慢	注意が散漫
お弁当を自参してください	お弁当を持参してください
重復している箇所	重複している箇所
主事医の先生	主治医の先生
純心な心	純真な心
絶体に約束を守る	絶対に約束を守る
先入感をもたない	先入観をもたない
大陽がさんさんと	太陽がさんさんと
本当か確める	本当か確かめる
多小はしかたがない	多少はしかたがない
単的に申し上げますと	端的に申し上げますと
天心爛漫	天真爛漫
徒競争	徒競走
折り紙が得技です	折り紙が特技です
貧欲に取り組む	貪欲に取り組む
持ち前の明るさを発輝して	持ち前の明るさを発揮して
ご意見を反影させていただきます	ご意見を反映させていただきます
休みが短かい	休みが短い
無中で遊んでいました	夢中で遊んでいました
礼義正しい	礼儀正しい

これだけは覚えておきたい！敬語変換表

　ていねいな言葉を使おうとして、保護者に「園長がおっしゃっていました」と言ってしまったことはありませんか？ 誰がその行動をするのか、という点に着目すると、謙譲語・尊敬語を正しく使うことができるようになります。

通常の表現	謙譲語（自分や園の行動）	尊敬語（保護者の行動）
会う	お目にかかる	お会いになる
謙譲語の例 ○○ちゃんのおじいさまにお目にかかれますことを楽しみにしております。		
尊敬語の例 （保護者に向けて）○○ちゃんのお母さまとお会いになりますか。		
言う	申す	おっしゃる
謙譲語の例 園長が○○ちゃんのお母さまに「よろしくお伝えください」と申しておりました。		
尊敬語の例 何かご心配な点がありましたら、いつでもおっしゃってくださいね。		
行く（来る）	伺う、参る	いらっしゃる
謙譲語の例 それでは、明日の16時に園長とともに伺います。		
尊敬語の例 次にお父さまがお迎えにいらっしゃるのは、何曜日になりますか。		
いる	おる	いらっしゃる
謙譲語の例 明日の16時であれば、園長もおりますので、その時間ではいかがでしょうか。		
尊敬語の例 明日は、ご自宅にお父さまもいらっしゃいますでしょうか。		
帰る	失礼する	お帰りになる
謙譲語の例 （家庭訪問などで）それでは、本日は失礼いたします。		
尊敬語の例 ○○ちゃんのことでお電話したいのですが、お母さまは何時にお帰りになりますか。		

通常の表現	謙譲語（自分や園の行動）	尊敬語（保護者の行動）
聞く	伺う	お聞きになる

謙譲語の例 お父さまも、現在お忙しいと伺っております。

尊敬語の例 おばあさまに向けて〇〇ちゃんがお手紙を書いたこと、お聞きになりましたでしょうか。

| 知る | 存じ上げる | ご存じ |

謙譲語の例 今回の件について、存じ上げずに失礼いたしました。

尊敬語の例 お母さまもご存じのとおり、このたび当園では延長保育を開始いたします。

| する | いたす | なさる |

謙譲語の例 それでは、ご案内を送付いたします。

尊敬語の例 延長保育をご利用なさる場合は、こちらまでご連絡ください。

| 食べる、飲む | いただく | 召し上がる |

謙譲語の例 調理保育で〇〇君が作ってくれたお菓子を私も美味しくいただきました。

尊敬語の例 給食試食会では、お子さんと一緒に召し上がれます。

| 見る | 拝見する | ご覧になる |

謙譲語の例 お渡しいただいた資料を拝見しました。

尊敬語の例 今月のおたよりをご覧になりましたでしょうか。

| もらう | いただく、頂戴する | お受取りになる |

謙譲語の例 このたびは、貴重なご意見をいただき誠にありがとうございました。

尊敬語の例 本日、郵送にて資料を発送いたしました。お受取りをお願いいたします。

| 分かる | 承知する、かしこまる | お分かりになる |

謙譲語の例 〇〇ちゃんのアレルギー対応の件、承知いたしました。

尊敬語の例 大変恐れ入りますが、〜はできかねますことお分かりいただけますと幸いです。
※「お分かりいただく」は「ご理解いただく」という表現でもよい

印象がガラッと変わる！肯定的な言葉への変換表

　この本で紹介してきたように、連絡帳を書く際は、肯定的な表現を使うようにしましょう。保護者から心配や誤解をされないだけでなく、保育者自身の子どもを見る目も磨かれるからです。そのためには、つい使ってしまいがちな否定的な表現を肯定的な表現に変換するようにしましょう。

否定的な表現	肯定的な表現
飽きっぽい	興味の幅が広い、好奇心が強い
あわてんぼう、せっかち	素早く決断・行動できる、てきぱきしている
いいかげん、だらしない	おおらか、自分のペースをしっかり守る
言うことをきかない、反抗的	自分の考えをもっている、きちんと納得してから行動する
いじわるをする	（いじわるをしている子に）興味がある
うるさい	元気がある、活発
疑い深い、ネガティブ	しっかりと考えられる、慎重に行動できる
遠慮がち、自己主張が弱い	協調性がある、人の気持ちを考えられる、穏やか
怒りっぽい、カッとなりやすい	情熱的、感性が豊か
おしゃべり	社交性がある、お話が上手、活発
落ち着きがない	元気がある、活発、行動力がある
大人しい	落ち着きがある、穏やか、自分の世界をもっている
変わっている	個性をもっている、自分の世界をもっている
頑固	自分の考えをもっている、意志が強い
気が強い、文句が多い	自分の考えをもっている、意見をはっきり言える、意志が強い

否定的な表現	肯定的な表現
気が弱い、怖がり、神経質	繊細な感性をもっている、物事を慎重に考えられる
緊張しやすい	（緊張していることについて）大切に考えている、成功したいという気持ちを強くもっている
否定的な表現	肯定的な表現
口が悪い	素直、はっきりとものが言える、自己主張ができる
強引、押しが強い	リーダーシップがある、行動力がある、自己主張ができる
行動が遅い	慎重に行動できる、自分のペースを大切にできる、慌てない、どっしり構えている
こだわりが強い	自分なりの価値観をもっている、考えたことをがんばって実現しようとする、一つのことに集中できる
細かい	観察力がある、よく気がつく
しつこい	粘り強い、最後までやり抜こうとする
自分勝手、わがまま	自分に正直、やりたいことがはっきりしている、自己主張ができる、周りに流されない
図々しい	積極的、自己主張ができる
好き嫌いが激しい	自分に正直、好みがはっきりしている、自己主張ができる、（食べ物なら）グルメ
ずるい	賢い、頭がいい、要領がいい
ふてくされる	自分の感情を素直に出すことができる
プライドが高い	自尊心が育っている
調子に乗る	ムードメーカー、空気を読むのが上手
冷たい	落ち着きがある、冷静、自分の価値観をもっている
適当な性格	細かいことにこだわらない、柔軟性がある
泣き虫	繊細な感性をもっている、感受性が豊か
能天気	おおらか、自分のペースをしっかり守る、物事をポジティブに考えられる
優柔不断	しっかりと考えてから行動する
理屈っぽい	論理的に考えられる、洞察力がある

巻末資料

著者紹介

浅井 拓久也（あさい たくや）

秋草学園短期大学准教授。専門は保育学。保育所や認定こども園の顧問も務める。全国で講演会や研修会を行っている。著書に『マンガでわかる！保育所保育指針　2017年告示対応版』（中央法規出版）、『すぐにできる！保育者のための紙芝居活用ガイドブック』（明治図書）などがある。

装丁	原てるみ、大野郁美（mill）
装丁・本文イラスト	うつみちはる
本文デザイン	新田由起子、BUCH+
DTP	BUCH+

会員特典データのご案内

69ページで紹介した「10の姿チェックシート」を会員特典データとして、以下のサイトからダウンロードしていただけます。このシートを活用することで、子どもの育ちを見る目が養われ、「今日は書くことがない！」と困ることもなくなります。

https://www.shoeisha.co.jp/book/present/9784798158549

注意

※会員特典データのダウンロードには、SHOEISHA iD（翔泳社が運営する無料の会員制度）への会員登録が必要です。詳しくは、Webサイトをご覧ください。

※会員特典データに関する権利は著者および株式会社翔泳社が所有しています。許可なく配布したり、Webサイトに転載することはできません。

※会員特典データの提供は予告なく終了することがあります。あらかじめご了承ください。

先輩保育者が教えてくれる！連絡帳の書き方のきほん

2019年3月22日 初版第1刷発行

著　　　者	浅井 拓久也（あさい たくや）
発 行 人	佐々木 幹夫
発 行 所	株式会社 翔泳社（https://www.shoeisha.co.jp）
印刷・製本	株式会社 廣済堂

©2019　Takuya Asai

ISBN978-4-7981-5854-9　　　　　　　　　　　　　　　　　　　Printed in Japan